BERNARD BRO

LA FOI N'EST PAS CE QUE VOUS PENSEZ

LES ÉDITIONS DU CERF
29, bd Latour-Maubourg, Paris
1988

ISBN 2-204-02902-5
ISSN 0750-1862

Je ne sais pas si j'ai la foi. Je « crois » que c'est le plus beau cadeau de ma vie. A qui m'interroge pour savoir ce que veut dire cette hésitation, je répondrai, alors sans hésiter, comme Jeanne d'Arc à ses juges qui voulaient la piéger en lui demandant si elle était en état de Grâce : « Si je n'y suis pas, Dieu m'y mette. Si j'y suis, Dieu m'y garde. »

Croire, c'est connaître Dieu comme Il se connaît, c'est être uni à Dieu tel qu'Il est, c'est une Pentecôte actuelle. De la Grâce, le cardinal Newman disait qu'elle était comme l'amour, neuve chaque matin. Ainsi de la foi. Elle nous décentre. Elle nous propose de reconnaître une antériorité bienheureuse : nous ne sommes pas le point de départ absolu, le point zéro de notre vie. Elle provoque, raisonnablement, à un acte qu'aucune raison ne peut épuiser : faire confiance. Elle amène l'intelligence à comprendre ce qui dans l'intelligence est plus grand que les seuls raisonnements. Il y a en nous un point secret, plus profond que notre raison raisonnante. Nous sommes capables de voir que si l'on demande à l'amour de s'expliquer, c'est déjà qu'on aime un peu moins. La foi rend à l'intelligence sa liberté. Elle nous conduit plus loin que les limites de la raison. Elle aide à trouver l'indispensable laissez-passer. « Il n'y a rien de si conforme à la raison que ce désaveu de la raison. » (Pascal.)

Ce n'est pas tant que *nous* tenons la foi. Nos mains sont faibles, nos pensées légères, fugaces. Mais c'est la foi qui nous tient, de toute la force de Dieu qui nous la donne.

Arrive le moment où l'on n'a plus envie, où l'on ne peut plus sortir de la foi pour dire sa foi. C'est la virginité retrouvée grâce à la force de l'Autre qui agit en nous. Ne pouvoir donner de formules satisfaisantes n'empêche en rien d'avoir la certitude d'être aimé. Ce n'est pas parce qu'on ne pourra jamais se mettre à la place de sa Source que celle-ci serait moins adorable et qu'elle ne peut nous partager la joie – sans évidence notionnelle – mais assurée d'une certitude infinie qu'on n'existe que parce qu'on est aimé. Dieu nous proportionne à Lui-même. C'est fabuleux ! Devrait-on tarder à s'en réjouir parce que la foi est autre chose que ce qu'on imagine, pense ou croit ? C'est tellement plus simple, c'est tellement plus émerveillant. Raison de plus pour chercher à comprendre et à s'en expliquer.

Première partie

DES DIFFICULTÉS

- La foi répond-elle au problème du mal ?
- Toutes les religions se valent-elles ?

Chapitre 1

PREMIÈRE DIFFICULTÉ : LA FOI RÉPOND-ELLE AU PROBLÈME DU MAL ?

Lorsqu'on annonce qu'on va aborder le problème du mal, une phrase me revient désormais, immédiatement, en tête. C'est le gémissement du cardinal Veuillot, archevêque de Paris, sur son lit de cancéreux : « Nous savons faire de belles phrases sur la souffrance. Moi-même j'en ai parlé avec chaleur. Dites aux prêtres de n'en rien dire. Nous ignorons ce qu'elle est. J'en ai pleuré. »

Je fais partie de ceux qui n'ont pas plus de titres qu'un autre pour parler du problème du mal. Mais si la foi n'affronte pas cette question, la foi n'a alors aucun intérêt. Je n'ai pas de droit spécial à poser la question du mal et, cependant, je ne peux pas faire autrement. En écho aux paroles du cardinal Veuillot, je pourrais ajouter bien des cris qui résument tout ; celui d'une ouvrière de la banlieue parisienne : « S'il y a quelqu'un au-dessus de nous, il mériterait d'être puni » ou bien celui d'Alexandre Dumas : « Si Dieu pouvait tout à coup être condamné à vivre la vie qu'il inflige à l'homme, il se tuerait. »

★

Je me suis senti obligé par cette question tout au long des deux premiers carêmes que le cardinal-archevêque de Paris m'avait confiés à Notre-Dame. J'ai cité alors deux témoignages qui sont pour moi parmi les plus grands qu'un être humain ait jamais déposés devant l'histoire. Ils sont tous deux nés d'un cœur juif : c'est le Testament de Varsovie et le récit par Élie Wiesel de la pendaison d'un jeune compagnon devant les hommes du camp rassemblés à Auschwitz [1]. L'interrogation a hanté tous les croyants. Elle empêche de dormir les cloîtrées [2]. Elle doit être inlassablement reprise. Peut-on penser après Auschwitz comme avant ? Ou plutôt : Après Auschwitz, peut-on encore prier Dieu ?

---

1. (Voir *Espérer contre toute espérance,* p. 139-144 : « le Testament dans la fournaise » ; et *Le Pouvoir du mal,* p. 89 : « Où est Dieu maintenant ? » B. BRO, éd. du Cerf, 1975 et 1976.)

2. (Voir *Le Témoignage des cloîtrées,* p. 190-206, B. BRO, éd. du Cerf, 1962.)

Tout est dit.

Or en face de cette question, j'ose affirmer qu'il faut aller plus loin. La foi a-t-elle, oui ou non, quelque chose à dire ici ? Au lieu de se cacher et d'avoir peur, il est peut-être possible de renverser la question et de se demander : le drame du mal n'oblige-t-il pas à découvrir que la foi n'est pas ce qu'on pensait ?

Le problème du mal n'est pas la première difficulté

Je propose trois réflexions. D'abord en amont. Contrairement à ce qu'on pense habituellement ou à ce qu'on voudrait nous faire penser, la première question dans une vie humaine n'est pas celle du mal ou de la souffrance. Certes, on peut profiter du mal et de la souffrance pour les mettre en avant et tout refuser, tout bloquer. Nous sommes habiles pour refuser le mal, accuser et refuser alors d'entendre une question plus profonde, celle qui décide vraiment de tout. On peut prendre le risque de rester volontairement en prison, pour toujours, en soi-même.

Avant le problème du mal, il y a un liminaire. Si pressante que soit l'objection du mal, ce n'est pas elle qui partage les hommes en croyants ou non-croyants. Avant notre réponse au mal, il y a quelque chose qui sépare les hommes en deux camps. Il y a une décision. Chacun la prend pour lui-même. Il y a une décision antérieure au mal. Il y a un choix et une option. Ils sont à refaire chaque jour. Ce choix est exactement le même que celui de l'homme lorsqu'il rencontre l'amour humain, le mariage, l'orientation professionnelle de sa vie, la pratique religieuse ou l'acceptation des sacrements, par exemple le fait de se confesser ou non. Je dirais aussi bien le fait de prier, ne serait-ce qu'une seule fois dans toute sa vie. C'est du même choix dont il s'agit. Et cette décision la voici : *c'est l'acceptation ou le refus qu'il y ait une autre liberté que la nôtre,* une liberté qui vienne d'un autre que nous et qui interfère dans notre vie. Avant la réponse au problème du mal, il y a une acceptation ou un refus secret qu'un autre intervienne dans notre existence, qu'il y ait un amour libre qui nous précède, avec ses prévenances secrètes.

C'est seulement à un second moment que les hommes se tournent vers le mal ; les uns pour l'opposer à Dieu et alors laisser sans solution la formidable question : Pourquoi y a-t-il quelque chose, pourquoi sommes-nous nés ? Les autres pour commencer, chacun comme on peut, à regarder le mal en face, en cherchant non pas d'abord une réponse mais une présence qui nous aide à lutter, à comprendre et à entrer dans la « folie » de l'amour qui a voulu ce monde et qui nous aide à pressentir qu'on ne « répond » pas au pouvoir du mal sinon par un mystère infiniment plus infini : celui de Dieu. Ici on rencontre ce qu'est la foi et on ne se trompe pas. C'est le premier moment de la foi : un choix libre d'accepter une autre liberté que la sienne dans sa vie, et donc la décision de ne pas chercher à se suffire. Cela conduit à un double refus, celui de s'isoler et celui de s'autogérer par sa seule maîtrise. Devant l'ampleur du mal, on ne peut pas suffire. Devant le tremblement de terre de Mexico, devant les éruptions volcaniques de la Colombie, on ne peut pas tenir. Ici, seule une humilité aimante peut tout sauver.

Les deux triomphes du mal

On peut alors poser la question : Cela supprime-t-il le problème ? Bien sûr que non. Au contraire, le mal scandalise encore plus. Car cela interdit les fausses solutions. En affirmant que Dieu a voulu une création bonne, le chrétien se complique les choses parce qu'il veut les respecter et aller jusqu'au bout. En face du mal, un chrétien ne peut plus utiliser aucune des deux grandes solutions qui ont tenté les hommes, les philosophies et les religions : prendre la fuite ou se révolter en accusant un autre. Ces deux solutions sont normales. Promouvoir un chemin de salut, chercher une libération : c'est ce que proposent toutes les religions orientales. Comment ? En s'enfuyant. On recommande alors à l'homme : puisque tout est mauvais, n'ayons plus aucun appétit des choses humaines, tout est pourri et conduit inévitablement à la souffrance. Alors fuyons, prenons la fuite vers l'espoir d'une réincarnation ou d'une évasion.

Reste l'autre voie : celle de la révolte. Mais on découvre vite que cela redouble le mal au lieu de le guérir. La révolte ? C'est l'utilisation des armes du mal pour lutter contre le mal. On se souvient de ce que dit Soljenitsyne lorsqu'il réfléchit sur Staline. C'est au nom du bonheur de l'homme de masse que Staline voulait imposer à l'humanité le programme pour lequel il agissait. Cela a donné soixante millions de morts. Soljenitsyne ajoute : « Les pires scélérats de Shakespeare s'arrêtaient à une dizaine de cadavres. Parce qu'ils n'avaient pas d'idéologie. » Lorsque, sous prétexte de vouloir le bien, on utilise les armes du mal, on aboutit à multiplier le mal, bien sûr au nom d'une idéologie qui prétend vouloir le meilleur.

En proposant la foi, le Christ ne regarde pas le mal en termes abstraits. Ce serait la première victoire du mal que d'en faire seulement un problème, au mieux un mystère. Le mal n'est pas d'abord de l'ordre des idées. Il est une blessure, dans le concret. C'est ce qui empêche tout être de rejoindre son but. Le mal est là et il n'est réductible ni à une idée ni à une réalité parmi d'autres, comme un objet parallèle au bien, qui devrait d'une manière ou d'une autre s'intégrer dans le scénario de l'univers. Il est toujours un manque terrible, tragique, destructeur. On ne peut pas plus en rester aux idées qu'à la recherche d'un ordre qui intégrerait le mal comme une pièce de la mécanique de l'histoire : on ne serait alors conduit qu'à un apaisement fugace ou à un absurde total. Il n'y a pas d'entre-deux sinon le silence de l'esthète ou du sage : « Après tout, la vérité est peut-être triste. » « La vie est une comédie pour celui qui pense ou une tragédie pour celui qui sent. » Cela qui a pu consoler Renan ou Balzac ne suffit pas à celle qui vient de perdre son enfant.

Il y a, il y aurait un deuxième triomphe du

mal : charger les autres de sa responsabilité. C'est ce que proposent la plupart des hommes politiques : on pressent qu'être pour le bien, ce pourrait être « dangereux » car cela risque de mener plus loin qu'on ne le voudrait. Alors au lieu d'être d'abord « pour », on est « contre », « contre » l'autre, qui, évidemment, est mauvais. On le caricature, on le montre comme insupportable. Toutes les politiques promettent bien la même chose : supprimer le mal. Mais si c'est avec les armes de la haine, de la lutte, de la violence, si c'est avec les armes du mal, alors le remède est pire que tout. La révolte aboutit au mal multiplié par lui-même. Ce n'est pas le chemin de la foi.

La foi ne « répondra » jamais

Que fait la foi ? Elle n'apporte pas d'abord une « réponse ». Car une réponse pourrait toujours rester abstraite, en rester à l'ordre de la science, des projets, de la morale, d'un idéal ou d'un programme. La foi fait beaucoup plus simple, et beaucoup plus, avec chacun de nous. Elle procède comme dans l'Évangile. Elle nous prend par la main et nous conduit à Quelqu'un. Le paralytique, le lépreux, le boiteux, le muet de l'Évangile, Zachée l'angoissé, Madeleine qui se sent coupable, Pierre le craintif, c'est vous, c'est moi. Or que fait la foi ?

A l'inverse de ce qu'on peut penser, en face du mal, non seulement la foi ne dissimule pas la question, c'est même elle qui la pose, de manière inlassable, encore beaucoup plus fortement qu'on ne le pensait. Mais la foi nous conduit à une rencontre. Elle nous conduit à quelqu'un : le Christ. Elle ne nous laisse pas seul.

Ici, refuser la rencontre, conduirait à refuser toute possibilité de pouvoir pressentir la « folie » de la solution qui est plus grande que la folie du mal. Dieu n'a jamais évité l'affrontement, mais il n'a pas non plus rejeté le mal sur les autres. Il l'a pris sur lui. Il a écarté les bras, il a ouvert les mains. Il s'en est chargé, de la Crèche à la Croix. Un geste aurait suffi. Mais il a voulu aller jusqu'au bout. La foi ne supprime pas le scandale du mal, *elle le remplace par une présence.* Comment un Dieu bon a-t-il pu créer ce monde ? Fallait-il que Jésus souffre la Croix ? La foi nous introduit pas à pas et davantage encore, dans une interrogation suppliante. Elle nous ouvre un chemin de lumière parce qu'elle lève le doute par la confiance. Elle enlève le plus terrible des obstacles : le soupçon en face de Dieu. La foi commence par proposer un cœur « liquéfié », qui accepte de n'être plus solitaire mais greffé sur celui du Christ.

De Noël au Calvaire, la voix qui a lancé les océans nous murmure à l'oreille : Veux-tu faire confiance ? Veux-tu aller au bout de la confiance ? Voici que la voix d'Isaïe, de Jean Baptiste, de la Vierge Marie, relayés par les Mère Teresa, les Sœur Emmanuelle et les Vincent de Paul de tous les temps, la voix qui a lancé le monde nous interroge à notre tour. Voici que Jésus nous introduit dans l'interrogation suppliante et crucifiée. La foi ne consiste pas à sortir de l'interrogation mais à y entrer en suppliant. Jusqu'au bout. On peut dire ici que non seulement tout acte d'héroïsme mais que tout acte de confiance, seulement de confiance, est un mystère aussi grand que le mystère du mal. Voici que celui qui était et qui est infiniment plus sensible que nous, le Christ, voici que celui qui aurait pu préférer la révolte nous amène à aimer. Alors, et alors seulement, lorsqu'elle s'est tournée à aimer, l'intelligence peut entendre.

Parfois, la nuit...

Après le suicide de son père, le fils du peintre Nicolas de Staël écrivait ce poème. C'est le cri de quelqu'un qui, étant encore enfant, reçoit de plein fouet la question du mal :

« Entre l'homme et l'amour
Il y a la femme
Entre l'homme et la femme
Il y a le monde
Entre l'homme et le monde
Il y a un mur

Les forts enfoncent le mur,
Les adroits l'escaladent,
Les patients le grattent.
Pour d'autres, un mur est un mur.
Ils le longent, sans penser à mal...
... ni à Dieu.

Le bien et le mal
Existent cependant pour eux.
C'est un mur comme un autre
Qui leur donne son ombre.

Aux emmurés tout est mur
Même une porte ouverte... »

★

« Aux emmurés, tout est mur... »

Depuis le premier Noël, le Christ est venu dire aux hommes que le dernier mot n'est pas à un mur. Jésus est venu pour nous dire : « Je suis la porte. » Il est, vraiment, la porte. A une condition : ne pas chercher ailleurs une autre porte et refuser la tentation de se vouloir seul. L'unique manière de prouver qu'on croit, est de donner sa confiance, au moins « parfois, la nuit... » comme disait Hemingway.

Chapitre 2

DEUXIÈME DIFFICULTÉ : TOUTES LES RELIGIONS SE VALENT-ELLES ?

Il faut une singulière audace pour aborder le problème du mal. S'ensuit une deuxième question non moins redoutable. Elle oblige, elle aussi, à modifier nos idées sur la foi. En face du mal, toutes les religions se valent-elles ? Chaque enfant se pose un jour ou l'autre la question, très tôt et de manière naturelle, simplement par exemple devant un compagnon de classe qui ne connaît pas le Christ Jésus ou devant un ami qui croit à autre chose. Je me souviens très bien de m'être posé la question à l'âge de cinq ans. La première fois où l'on m'a envoyé en colonie de vacances, les moniteurs m'ont demandé si « j'allais à la messe le dimanche ». Depuis la question ne m'a jamais quitté.

★

Lors d'une fête de Toussaint, exactement à l'heure de la messe de la radio que j'écoutais seul loin de Paris, deux hommes frappent à la porte. Apparence douce, très correcte. J'avais souci de pouvoir écouter le sermon de cette messe. Or ils venaient me proposer des petits livrets pour m'apprendre à lire la Bible. C'étaient des témoins de Jéhovah. J'explique que je suis prêtre. Ils s'en vont avec un sourire discret. Peu après, le sermon de la radio n'était pas encore fini que de nouveau on frappe à la porte. Deux demoiselles, même sourire poli, mêmes brochures, même proposition pour m'apprendre à lire la Bible. Je réponds qu'on est déjà passé. Je fais vite, peut-être un peu trop vite, car je ne voulais pas perdre la fin du sermon. Après coup, je me souviens de ce qu'un évêque du Centre de la France me confiait au sujet d'un homme politique : « Si nous nous donnions autant de mal pour le Royaume de Dieu que notre député pour ses convictions, il y aurait sûrement quelque chose de changé. »

Comment être contagieux de sa foi et cependant entendre les convictions des autres ?

En voyage d'études aux Indes, avec un groupe d'universitaires, nous suivions « les pas de Bouddha ». On avait vécu d'étape en étape ce qui serait l'équivalent pour le christianisme d'un voyage qui irait de Bethléem à Chartres. Nous résidons quelque temps dans le plus haut lieu du bouddhisme à Boddh-Gayâ, là où Bouddha a connu l'illumination. Une femme médite en silence sous le figuier sacré. Nous avons prié au monastère tibétain, puis au monastère japonais, puis avec les moines thaï qui nous ont offert l'hospitalité. Le verre d'eau bienfaisant par la chaleur torride. Nous assistons à leur prière. Je regarde leurs visages. Trois semaines plus tard, je prêcherai la retraite dans une abbaye bénédictine en France. Or ce sont exactement les mêmes visages : ceux où la recherche de l'absolu a déjà imprimé son signe de douceur et de gravité. Lorsqu'il saura que je suis religieux, le Vénérable, Gardien des lieux saints du bouddhisme, me prendra dans ses bras. Les larmes me viendront aux yeux. Bouddha a été contemporain d'Isaïe, d'Ézéchiel, de Zoroastre, et des grands penseurs de la Grèce.

Alors, où que l'on vive, la question nous poursuit : dans les temples tamouls à l'île Maurice lorsqu'une femme s'abaisse en silence devant Shiva. Au Japon, au Mexique, en Polynésie, c'est toujours la même question que le petit enfant avait perçue en colonie de vacances : Pourquoi sommes-nous chrétiens et non pas eux ? Pourquoi êtes-vous chrétien ? Pourquoi ?

La première réponse est de tenir bon à la formule de la messe lorsque nous prions Dieu. Nous lui disons : « Pour tous les hommes dont tu connais la droiture. » Remarquons bien qu'on ne dit pas : « Qui se confient à ta miséricorde », ce qui serait encore rester de notre côté. Or Dieu veut le salut des hommes, dit saint Paul. Voici donc la première réponse : C'est Dieu d'abord qui connaît la droiture et c'est cela qui sauve. La formule est admirable. C'est le seul secret absolu : celui d'une bonté infinie, pas seulement d'une bonté, mais de la bonté *infinie* (cela même qui rend d'autant plus redoutable, pour nous chrétiens, le pouvoir de refuser ce Dieu-là).

On a beaucoup brodé sur le Concile. On en est peut-être parfois resté un peu trop à des affaires de sacristie : collégiale ou pas ? latin ou non ? clercs ou laïcs ? etc. L'immense renouvellement du Concile est ailleurs. Il a été de proclamer la liberté religieuse. Oser affirmer que l'Église n'est pas la seule détentrice de la vérité. Quel changement ! Mais attention. C'était d'autant plus tenir qu'il y a bien une seule vérité. Mais plus haute : celle vers laquelle nous sommes tous en marche : la vérité la plus large, absolue, celle de la Jalousie de Dieu pour Lui-même : Dieu est miséricorde et Il veut le salut de *tous* les hommes.

Alors pourquoi n'être pas bouddhiste ou shintoïste ou adepte d'une autre religion ? Pour des raisons très simples. La première, c'est que si, demain, je trouvais ailleurs une religion qui accomplisse mieux tout ce que me promet le christianisme, non seulement j'irais, mais je devrais y adhérer et je le ferais immédiatement. Il y a une autre raison pour laquelle je reste chrétien : c'est que je suis persuadé que ce n'est pas d'abord l'homme qui cherche Dieu mais c'est Dieu qui cherche l'homme. Toutes les religions sont appelées à en arriver à ce Dieu-là, Celui qui poursuit l'homme de sa tendresse. Et cette tendresse a pour nous un nom : c'est celui de Jésus-Christ donné par Marie à l'humanité.

Cela nous convoque à une attitude très simple, supplier d'être soi-même plus contagieux en reprenant la prière de saint Vincent de Paul : « Il ne me suffit pas d'aimer Dieu si mon prochain ne l'aime pas. » C'est le même cri chez saint

Paul dans l'Épître aux Romains. Il définit mieux que tout ce qu'est l'attitude missionnaire. « Excitez donc la jalousie des autres. » Il ne s'agit pas d'imposer le christianisme, Dieu lui-même ne le fait pas. Et l'Église a toujours maintenu que la foi était libre. Mais « exciter », susciter, et cela par amour, la jalousie des autres pour le Christ. Je suis jaloux de ma joie d'être chrétien. Cela ne veut pas dire que je suis fier de ce que je réalise. Je sais « la pauvre utilisation que j'ai faite des grâces que Jésus m'a données » comme le disait, de son côté, le Curé d'Ars. Mais rien ne m'empêchera d'être persuadé de l'excellence de la Grâce, de ce don gratuit que Dieu nous a fait et donc de notre responsabilité. Alors, comment dire l'excellence du christianisme sans esprit de conquête, sans faux triomphe mais en se voulant contagieux [1] ?

---

1. C'est évidemment sous prétexte de vouloir le meilleur que nous nous laissons aller à la combativité. Il est normal, indispensable et bienheureux d'être convaincu et, même plus, d'être possédé, ou comme dit saint Paul, « saisi » par la vérité du Christ. Mais remarquons que si c'est la vérité, la Vérité n'a pas besoin d'être protégée. Ni Dieu, ni le sabbat, ni les dogmes, ni la morale n'ont besoin de protection. C'est nous qui en avons besoin car c'est nous qui sommes en péril d'inattention, de prétention ou de laisser-aller.

Alors la manière de rendre contagieuse la Vérité n'est pas la tracasserie, l'insistance maladroite ou la fébrilité

Trois chemins

En face de l'angoisse du mal, en face de l'inconnu, en face de la mort, l'homme demande d'abord à ses propres facultés de trouver des réponses. C'est normal. La toute première recherche se situe dans l'*imaginaire.* Regardons les religions africaines par exemple. Elles sont des religions de la communion avec le monde et d'apprivoisement de l'insaisissable par une exaltation étonnante de notre imagination. Ne dites pas que cela nous est étranger. Car cette exalta-

---

pour les autres. On ne gagne rien à être inutilement importun. Tenace, oui, mais c'est autre chose.

Il y a un bon usage de la combativité. Pour le croyant, c'est d'abord celle de la sentinelle dans la nuit, du veilleur qui attend l'aurore. Il ne fait pas de bruit. La prière silencieuse des cloîtrées, comme l'agonie solitaire de Gethsémani, est aussi efficace pour rétablir l'ordre du monde que l'évangélisation dans la rue ou les bruissements de nos inquiétudes cléricales. Il y a une prédication de la sérénité. C'est peut-être d'abord celle qui est proposée par saint Paul lorsqu'il nous incite à « exciter la jalousie ». La première manière de témoigner de sa foi est dans la liberté que Dieu nous laisse de répondre et aussi dans celle que nous laissons aux autres. C'est sûrement la plus difficile à obtenir de soi. Rendre jaloux est un art. Il n'y a que l'amour qui puisse y arriver sans violence. Tenir bon dans la nuit parce que l'aurore est promise à ceux qui veillent.

tion a envahi toute la planète. Et ce n'est pas seulement dans le lointain : toutes les radios et, tous les soirs, la télévision en fin d'émission en témoignent, les vidéoclips rappellent cette mise en transe venue d'Afrique par le jazz, le rock ou le blues. Quand les hommes font la queue au Grand Palais pour aller voir les tableaux des impressionnistes, Manet ou Gauguin : c'est la même nostalgie d'une beauté qui les y pousse, la même nostalgie d'un instant d'ivresse... qui permettrait à l'esprit de goûter en même temps la séduction et l'effroi d'un ailleurs.

Il y a une autre piste de recherche de l'absolu. C'est le chemin de la *connaissance.* Les philosophes grecs, par exemple, comme tout l'esprit scientifique actuel, ont inlassablement cherché par la seule puissance de l'intelligence ce qui serait, enfin, la source de tout, « la pensée de notre pensée », la source du bonheur pour l'homme.

Après l'imagination, après l'intelligence, reste un troisième chemin : c'est celui de la *bonté.* On ne cherche plus à prendre d'assaut la vérité, mais, avec les religions d'Asie, on cherche à se sauver de la souffrance et de l'angoisse, en se retirant de la vie pour trouver la paix, avec le bouddhisme ou le confucianisme, dans une voie de silence et de secrète attention intérieure.

« Excitez la jalousie »

Alors, nous « chrétiens » ?

Nous sommes invités à franchir un seuil et à faire l'inverse d'une conquête. Nous sommes invités à accueillir Quelqu'un. Non pas d'abord comme l'explication du monde, mais comme une personne qui vient vers nous. Il ne s'agit plus de prendre d'assaut une vérité mais d'entendre Celui qui vient à notre recherche. L'Évangile est cela : Dieu est venu à la rencontre de l'humanité.

Dans le Coran, cet appel atteint les croyants au moyen d'une dictée faite une fois pour toutes à un seul homme, dans un livre fortement sacralisé.

Dans le judaïsme, tout part d'un Dieu qui se manifeste comme le créateur de l'homme, attentif et aimant. Après l'échec du paradis où l'homme refuse de jouer le jeu, Dieu ne se tient pas pour vaincu. Il va poursuivre l'homme dans une histoire sainte. Cette pédagogie se révèle à travers les prophètes et aussi à travers les expériences individuelles qui s'enrichissent en démarches collectives. Avec le judaïsme, c'est la première fois que l'histoire a un sens puisque le temps, en s'écoulant, permet au peuple, à nous tous, l'apprentissage de la vie. Abraham entend l'ordre de Dieu et c'est tout un peuple qui se met en route. Jacob lutte mystérieusement avec l'ange. Ainsi des Hébreux et des chrétiens, nous restons pauvres, faibles, capables d'erreurs, envieux ou dédaigneux de lutter avec Dieu, mais aussi capables de revenir à Lui. Enfin Moïse ose le premier, et le seul, demander au Tout-Puissant quel est son nom. Et Dieu donne son nom. Il révèle sa pédagogie, sa patience. Il nous mène comme par la main.

Qu'ai-je à répondre à notre ami du Népal, le moine bouddhiste, sur le christianisme ? Seulement ceci : c'est que Jésus, le Verbe Incarné, est venu porter à son achèvement cette longue et tendre pédagogie. Il est la réponse à toutes les démarches de la recherche humaine parce qu'Il est *en même temps* et *la Voie* et *la Vérité* et *la Vie.* Il est à la fois le Chemin (et Noël répond au bouddhisme). Il est la Vérité (et ici Jésus répond aux philosophes) et enfin Il est la Vie qui mène au terme son peuple bien-aimé d'Israël. Jésus se découvre comme Celui qui, en sa divine démesure, peut à la fois se présenter comme le chemin où l'on marche guidé par la main de l'Ami, comme la Vérité (Jn 1, 9), et comme la Vie : « Où irions-nous, Seigneur, tu as les paroles de la vie éternelle » (Jn 6, 68).

Nous sommes appelés à désirer la Vérité mais en n'oubliant pas la Vie. Nous sommes invités à suivre le Chemin mais en n'oubliant pas la Vérité.

Nous aurons des comptes à rendre. Je pense, par exemple, que pour tout un diocèse au Mexique, il y a à peine autant de prêtres que ceux qui entourent les élèves d'un collège de banlieue parisienne. Alors le problème n'est pas de savoir si un bouddhiste vaut mieux que nous. Cela, c'est le secret de Dieu. Mais de savoir si nous sommes prêts, avec amour, à aller au bout du christianisme pour « exciter la jalousie ». On peut être sûr que Jésus nous donne la meilleure réponse mais, en même temps, effrayé de ne pas utiliser davantage cette certitude pour mieux aimer son prochain.

A Boddh-Gayâ, la douceur du moine bouddhiste était une immense leçon. Au temple du Triolet, le pandit tamoul m'a bouleversé en me parlant de la grandeur de Dieu. On frémit en voyant ce qui se passe en Iran au nom du fanatisme religieux, en Lithuanie, en Éthiopie... et d'abord en face de tout ce que nous, chrétiens, avons pu faire dans le passé, hélas, en voulant « conquérir » les autres. Dieu a bien soumis le salut du monde à notre intervention : mais d'abord au nom de notre amour et de notre prière. Alors on n'a plus qu'une seule parole. C'est une prière, celle de Charles de Foucauld au Sahara : « Mon Dieu, faites que tous les hommes aillent au Ciel. »

Deuxième partie

LE PARCOURS DU COMBATTANT

- Les trois sourires du moine
- L'épreuve du bonheur
- L'épreuve des autres
- L'épreuve du temps

Chapitre 3

TROIS SOURIRES

Sous tous les cieux et à toutes les époques, certaines catégories d'êtres humains ne cesseront jamais de nous étonner : les clowns, les aventuriers, les militants et j'ajouterai parmi bien d'autres : les moines. Qu'ils se lèvent au milieu de la nuit dans les fonds des vallées humides où saint Bernard a établi ses monastères, qu'ils restent huit heures par jour à méditer en face d'un mur assis sur leurs talons dans les ermitages de Kamakura ou à Kōya-San au cœur du Japon zen ou bien qu'ils psalmodient leur règle dans leurs longues robes safran là où Bouddha a connu l'Éveil, j'ai partout retrouvé le même sourire. Est-ce pour mieux garder leur secret ? Ne serait-ce pas seulement le sourire de la foi lorsqu'elle a l'intensité du fer porté au rouge ? Ce qui se cache derrière le sourire des moines n'est peut-être pas à chercher d'abord en haut des cieux.

Nous imaginons comme lointain, voire

comme inaccessible le secret de ce sourire. Il est peut-être beaucoup plus proche qu'on ne l'imagine. Si l'on me demandait ce qui a le plus compté dans les souvenirs de ma vie, je répondrais très vite trois choses : le regard de ceux qui m'ont tenu la main à l'approche de leur mort ; le sourire des moines après une confession ; l'émotion retenue d'une mère au moment du baptême de son enfant. Chaque fois, Dieu nous invente avec nous et, cela, dans un sourire.

Lorsque je mets bout à bout toutes les semaines où j'aurai prêché des « retraites » dans des monastères, cela ferait aujourd'hui plus d'une année pleine de ma vie. Il m'aura été donné de mesurer ma propre existence à celles de plus de cinquante-huit groupes monastiques. C'est redoutable d'avoir à se livrer à ceux qui font profession d'aller jusqu'au bout... Une semaine de silence total où l'on est chargé deux à cinq fois par jour de revenir à l'essentiel. Presque tous les moines de l'abbaye vous confient leur « vécu ». Je me souviens de l'étonnement de l'un d'eux, encore jeune. Il évoque une de ses surprises. Ayant demandé à son supérieur, le père Abbé, ce qui impressionnait le plus les visiteurs du monastère, la réponse fut autre que celle qu'il attendait ; à la manière d'un koan zen. Le père Abbé lui répond seulement : « Ce qui surprend le plus nos hôtes, c'est que nous allions au travail avec le sourire. » Ce n'était pas simple boutade. Cela rejoint l'affirmation d'un des tout premiers textes chrétiens qu'on ait gardés, après les Évangiles. Saint Théophile d'Antioche, entre 170 et 180, est interrogé par un païen, Autolycos. Il répond : « Maintenant, si tu me dis : "Montre-moi ton Dieu", je pourrai te répondre : "Montre-moi d'abord ton homme, alors moi je te montrerai mon Dieu. Car mon Dieu s'est fait homme". »

Depuis que Dieu s'est fait homme, depuis l'Incarnation, on ne peut plus dire ce qu'est la foi sans se demander d'abord où sont les complicités de Dieu à l'intérieur de notre vie.

Quelles sont les grandes expériences de l'existence humaine ? Celles qui sont inévitables pour tout homme ? Celles qui restent toujours ouvertes à un dépassement ? Celles qui nous obligent à aller plus loin qu'on ne le croyait ? Celles qu'on ne peut arrêter avant la mort, celle-ci *incluse ?* Expériences qui restent toujours vulnérables et nous rendent malades si nous prétendons les régler tout seul... Quels sont donc ces lieux de création, de coopération, d'invention de nous-mêmes où Dieu nous invente avec nous, qu'on le sache ou non ? Autrement dit : qu'est-ce qu'un chrétien partage avec tout autre homme sur terre de telle sorte que ce puisse être en même temps les préparatifs, l'Avent de Dieu et la carte d'identité du bonheur humain.

On peut isoler trois expériences. Elles livrent ce qui a fait le trésor de toutes les philosophies : d'Aristote à Pascal, de saint Augustin à Freud. Elles révèlent le plus vite le bulletin de santé d'un chrétien, et la feuille de route de sa propre destinée. Elles nous aident à comprendre la pédagogie du Christ en chaque rencontre évangélique.

Ce sont, premièrement, l'expérience du désir, c'est-à-dire, en même temps, de la nostalgie du bonheur et de l'expérience de nos limites ; deuxièmement, l'expérience des autres, dans le besoin de nous unir à eux et en même temps dans la crainte de les subir ou de les réduire ; enfin troisièmement, c'est le drame et la chance de ne pouvoir s'achever que dans la durée. Elle est tout à la fois redoutable contrainte : ne jamais pouvoir réunir toutes les parties de notre vie puisque nous vivons dans le pointillé du discontinu, là où la mort nous accompagne dès le premier instant : « ça passe » ; mais aussi miracle : pouvoir, chaque jour, tout recommencer.

★

Appétit de bonheur qui ne progresse qu'avec d'autres dans le temps qui passe : voilà le parcours du combattant que la foi accompagne jusqu'à ce qu'elle ouvre la porte de l'ultime rencontre.

Chapitre 4

L'ÉPREUVE DU BONHEUR

Tous les commentateurs, tous les philosophes, tous les poètes, tous les chansonniers, tous les professeurs, les moniteurs et les instituteurs, tous les éditorialistes et les magazines, tous les logiciels et toutes les encyclopédies, tous les recyclages et tous les éditeurs, tous les pédagogues et les catalogues cherchent une même chose : satisfaire à notre bonheur. La foi ne vise pas d'autre but.

Le seul problème est de savoir comment.

Je ne connais pas de meilleure définition du bonheur que celle qui fut proposée par saint Augustin : la possession à la fois paisible et intense de tout ce qu'on peut désirer. Aucune théorie qui prétend faire la philosophie de l'homme ne peut commencer autrement que par-là : c'est inévitable de vouloir être heureux. Il y a bien un « devoir » d'être heureux. Nous sommes faits pour le bonheur. Il n'y a pas d'autre départ ni d'autre terme pour la pensée humaine, quel que soit le nom qu'on lui donne. Nous ne sommes pas encore tout ce que nous pouvons être. Le problème n'est plus alors celui du bonheur mais de savoir *où* est ce bonheur. Que peut-on et doit-on désirer ? Alors une deuxième question intervient : Quels sont les obstacles à notre désir ?

« Plus » est en nous

Je me souviens de l'étonnement d'étudiants qui allaient en pèlerinage vers Chartres lorsque je leur disais que toute la morale de saint Thomas d'Aquin commençait par un « Traité du bonheur ». Penser que cela existait : « un manuel de bonheur » et même que cela ouvrait toute la réflexion traditionnelle de l'Église leur semblait une merveille inattendue. Ce n'est rien d'autre que la reprise de la première parole du Christ à ses apôtres : « Que cherchez-vous ? » C'est la même question posée après la Résurrection : « Pourquoi cherchez-vous parmi les morts celui qui est vivant ? » Nous tendons vers notre complétude. Nous sommes habités de manière indéracinable par ce besoin de croissance, par cette congruence avec nous-mêmes, par cet appel inscrit au plus profond vers une certaine plénitude. Les ducs de Bourgogne avaient écrit au portail de leur château de Gand : « Plus est en nous. » Pascal dira : « L'homme passe l'homme. » Saint Paul définit le chrétien par *l'épectase,* c'est-à-dire par ce mouvement qui nous pousse toujours vers un « plus », en avant de nous.

Alors commence le parcours du combattant. Et on n'a pas le choix.

Malgré les allusions guerrières ou agressives qu'elle recouvre, nous maintenons cette image du « parcours du combattant ». Saint Paul s'y réfère constamment. Elle résume les étapes de l'Évangile comme de l'histoire biblique. Il y a bien un parcours. Il y a des obstacles. Il y a un combat. On peut s'y refuser. Cela ne résout rien. Les moments, les occasions, les motifs de ce parcours nous apparaissent arbitraires, voire injustes ou injustifiés ? Peut-être. Mais encore une fois, il n'y a pas le choix. Abraham, Moïse, David, Jérémie, Daniel, saint Pierre et saint Paul n'avaient pas prévu l'anxiété, les tentations ou les trahisons qui les attendaient sur le chemin. La sueur du combattant ou du pèlerin est un terme biblique, qu'elle vienne de la peur, de la fatigue ou de la chaleur du jour. Ce serait odieux si le chemin ne conduisait pas comme pour saint Paul à Damas (c'est-à-dire à ce moment où pour chacun de nous les écailles tomberont de nos yeux) à la condition qu'on accepte d'être désarmé de ses raideurs. Alors quelqu'un nous guide et nous attend et, chaque nuit, des portiers nous annoncent l'aube. Cela pourrait nous apparaître moins arbitraire ou moins dur si nous établissions tout seul notre feuille de route... Mais quelle tragédie cacherait cette illusion ! La feuille qui nous sera proposée est révoltante... ou adorable. Il est vrai : rien ne la dispense de rester jusqu'au bout une énigme. C'est bien pour cela que nous avons besoin de la foi.

★

Le parcours commence par les deux obstacles qui s'opposent au bonheur de tout homme. Il ne va pas de soi de les accepter. Ils se dressent sur le chemin en amont et en aval. Ce désir qui nous habite est source d'une image de nous-mêmes. Jour après jour, matin après matin, s'élabore en nous une certaine idée de nous-mêmes, un projet, un programme, une courbe de carrière, une feuille de route. Nous l'écrivons et la réécrivons. Tout est occasion de l'enrichir. Elle est là. Nous nous l'approprions. Nous la secrétons.

Que deviendra-t-elle ? Sera-t-elle le tissu doré où meurent nos idoles ou bien le voile où s'inhument nos déceptions, le lieu de nos amertumes ou bien la tente où peut se reposer le Christ ? L'image de nous-mêmes ne sera-t-elle que linceul ou bien icône ? Tout est possible.

A Malraux qui l'interroge pour savoir quelles sont ses principales difficultés, le président Nehru, alors dirigeant du peuple des Indes, répond : « J'ai trois ennemis : la famine, les Chinois et moi-même. » Malraux poursuit : « Quel est le plus difficile ? » Nehru conclut : « Moi-même. »

L'être humain est marqué, dès ses origines et pour toute sa vie, par la poursuite d'une complétude narcissique où nous nous trouverions en parfaite coïncidence avec nous-mêmes et avec notre monde. Nous projetons cet état comme une réalité en « avant » de nous ou dans un « après » dont l'impossible réalisation sera toujours poursuivie dans le temps par cette mégalomanie infantile qui nous guette tous. La sagesse est de tenir bon, pour tout à la fois ne pas diminuer le désir et cependant ne pas agresser le réel qui ne peut apporter que ce qu'il est. Accepter de dépendre d'un autre, des autres, pour élaborer cette image de nous-mêmes : c'est là que nous sommes vulnérables.

Évasion ou agression

Les deux maladies du désir nous donnent les deux premières indications de la santé ou de l'asthénie de notre foi : l'évasion ou l'agression. Tout peut être bon pour bloquer et rétrécir l'horizon du désir et pour s'évader. « Dieu n'en veut pas tant pour nous. » « Il faut apprendre à en rabattre », etc. Certes, on ne dit pas non aux questions de Dieu, mais on apprend vite à s'arranger pour ne plus entendre la question. « Quelqu'un frappe à ta porte, si c'était Jésus ? » Or c'est toujours à une porte inattendue que l'on frappe. Cela nous surprend. Simple impression d'inconfort, de décalage, de disproportion. Légère gêne dans la conscience. Ça ne commence pas comme on l'avait prévu. Zachée, Marie-Madeleine, Pierre, Paul, Matthieu sont surpris. Ils croyaient accomplir convenablement leur tâche. « Tu nous déranges » dira le cardinal, grand inquisiteur, au Christ. Laisse-nous oublier que nous sommes faits pour ce « plus » qui est en nous.

Alors l'autre tentation apparaît : l'agressivité. Il faut du temps pour découvrir que l'on ne se connaît bien soi-même que dans la mesure où l'on accepte de reconnaître les procès qu'on fait aux autres. Que reprochons-nous aux choses ? Cette question est peut-être la moins mauvaise manière de se connaître soi-même. A la bibliothèque du Couvent d'études des Dominicains de l'université du Saulchoir, le père Simonin, qui devait plus tard entrer à la Trappe après avoir enseigné la théologie morale à ses confrères religieux, avait noté cet aveu en marge d'une page de la Somme théologique de saint Thomas d'Aquin. Chaque traité de saint Thomas aborde un problème ou un mystère important. Cela tient en une cinquantaine de pages. Chaque traité est divisé en questions, sept à dix pages. Chaque question en article : une ou deux pages. Ainsi dans le traité de la charité se trouve la question de la correction fraternelle. Et dans cette question de la correction fraternelle se trouve cet article : « Doit-on faire la correction fraternelle à son supérieur ? » Redoutable question ! ... Le père Simonin avait seulement inscrit au crayon dans la marge : « A ne pas faire, j'ai essayé... »

Il n'est pas besoin d'être supérieur pour n'avoir pas envie de recevoir une correction fraternelle et devenir agressif lorsque les choses ne sont pas comme on le veut. Or c'est ce que la vie fait chaque jour. Dieu est discret. Mais nous n'aimons pas faire l'expérience de nos limites et de l'image que le miroir des choses ou des autres nous renvoie de ces limites. Nous voulons plus, et plus vite, que ce que les choses peuvent nous donner. Sortir de l'adolescence, c'est peut-être faire en paix l'expérience de « ces » limites (et de « ses » limites...).

Acquérir ou perdre ?

La foi ne nous détourne pas de cette expérience. Elle en fait au contraire le lieu secret où Dieu nous restaure. A sa sœur Céline qui se plaint auprès de Thérèse de Lisieux en s'écriant : « Lorsque je vous vois, je découvre tout ce qui me reste à acquérir », Thérèse répond seulement : « Oh non ! ne dites pas à acquérir, mais dites plutôt : à perdre. » Teilhard de Chardin, en pleine traversée de l'océan Atlantique, écrit à sa sœur qui gémit de ses limites pour l'inviter à accepter « ces passivités de croissance ».

La première grâce de la foi est de nous apprendre à ne pas nous suffire pour élaborer l'image de nous-mêmes dont nous ne pouvons pas nous passer. Elle relativise notre moi idéal, ce moi que nous repeignons chaque matin d'une nouvelle couleur, que nous chérissons, cajolons, rêvons, projetons, embellissons ou bien que nous rejetons, détestons et méprisons, à aussi injuste titre. La foi nous aide à ne pas regarder comme ultimes nos limites, mais à les aimer. Elle nous dénie le droit de considérer tout ce qui est négatif dans notre vie comme ayant le dernier mot parce que nos noms sont désormais « inscrits au Ciel ». Nous ne sommes pas seulement les spectateurs de la Cité divine comme les plus grands des philosophes le pensaient. Nous sommes les « coopérateurs de Dieu ». C'est la formidable nouveauté que saint Paul annonce aux prostituées et aux débardeurs de Corinthe après avoir été rejeté du groupe des intellectuels d'Athènes. Où se joue cette coopération ? Exactement là où s'élabore cette idée de nous-mêmes, au creuset entre le conscient et l'inconscient, là où les ténèbres laissent filtrer la lumière, dans le narthex de l'âme ébranlée. « Étrange comme mes idées changent quand je les prie » s'avoue Bernanos.

Tout a commencé. Nous sommes faits pour le bonheur, mais pour un autre bonheur que celui que nous avions projeté, à notre seule mesure.

Chapitre 5

L'ÉPREUVE DES AUTRES

Le pigeon et son miroir

Les biologistes ont attentivement scruté le système endocrinien des pigeons. Or le métabolisme glandulaire du pigeon ne fonctionne normalement que s'il vit en couple. L'expérience apporta la preuve que le sexe du partenaire n'avait pas d'importance pour le bon équilibre des fonctions de l'animal. On poussa l'expérience plus loin : le pigeon fut installé dans une cage dont une des parois était une glace. Tout allait au mieux. Le pigeon avait son illusion.

Est-ce réservé aux pigeons ?

Le besoin de croissance qui nous habite indéracinablement et qui coïncide avec notre propre personne s'effectue grâce à l'élaboration de cette image de nous-mêmes qui organise toutes nos virtualités, nos projets, nos rêves et intègre progressivement tous nos bagages affectifs et intellectuels à notre vie. *Mais cette image ne se constitue et ne se découvre que dans notre relation aux autres.* Cette relation entraîne un processus constant de révision, de modification, d'angoisse ou d'euphorie. Lautréamont avouera que « la gloire se résume finalement à être connu, ou encensé par quatre ou cinq personnes... Cela suffit. » Alors, les autres n'ont-ils de raison d'être que de jouer le rôle d'un miroir, comme pour le pigeon ?

Inévitable, cette expérience est vulnérable. Nous pouvons la vivre en défensive ou en dépendance. On peut soigneusement se protéger des autres ou de l'autre par un réseau d'idées qui le maintienne en état d'éloignement ou de soupçon. Le professeur De Greef s'interroge : « Celui qui prétend se battre pour la liberté mais qui ne se bat pas aussi pour la liberté de son ennemi, se bat-il vraiment pour *la* liberté ou seulement pour *sa* liberté ? »

Le soupçon et sa fascination

L'histoire se passe pendant la guerre. Un prisonnier est libéré. Sa fiancée va l'attendre à la gare, d'une impatience dont on n'a peut-être plus idée aujourd'hui : retrouver son fiancé qui était prisonnier. « Voici le moment de bonheur de mon existence » se dit-elle. Alors elle se regarde dans une glace. Et, tout à coup, elle se trouve horrible avec ses galoches du temps de guerre, crottées et lourdes. Elle les enlève et les enveloppe dans un journal qui traîne là, n'importe lequel, elle ne regarde même pas de quel journal il s'agit. Et son fiancé arrive... enfin ! Cela va être le moment de bonheur tant attendu. Mais voici que la première chose qu'il voit, c'est le journal. Et son visage change. Dans l'instant, elle se rend compte que pour elle, son fiancé devient un autre. C'est comme un coup décisif. Car il ne trouve à lui dire comme premières paroles que cette phrase : « Ah ! tu lis le journal de l'ennemi ? » Elle qui n'avait même pas vu que c'était le journal de l'ennemi.

Elle ne répond rien, elle n'explique rien, elle ne se défend pas. Mais comment son fiancé a-t-il donc pu douter d'elle ?

Quand la confiance du début est tuée, je ne sais pas, je ne suis pas sûr qu'on puisse la faire revivre : ce mélange de confiance et de mystère, cela qu'on sent exister dans tout amour naissant.

La Bible s'ouvre et se termine par un même étonnement, énorme : dans la scène d'Adam et Ève et dans la grande scène du Jugement dernier. Chaque fois on assiste à une surprise : les hommes peuvent se rendre incapables de reconnaître celui qui est en face d'eux : « Quand donc t'avons-nous vu ? » demandent-ils lors du Jugement. « J'ai eu peur et je me suis caché », dit Adam. « Je croyais que tu étais un maître dur. J'ai eu peur » dit le serviteur de la parabole des talents.

Que s'est-il passé dans l'histoire d'Adam et Ève ? Le récit de la pomme nous dit sous une forme imagée, simple mais d'une profondeur extraordinaire ce qu'est le drame du soupçon. Dieu avait laissé à Adam et Ève l'usage de tous les fruits du paradis, à l'exception de ceux de l'Arbre du bien et du mal. Alors survient le serpent. Et la femme vit que le fruit de l'arbre était bon à manger. Et l'on sait la suite. Où se situe la faute, le péché ? Très précisément au moment où Ève s'ouvre à la fascination du doute, à l'instant où elle a commencé à soupçonner l'autre d'une arrière-pensée ou d'une arrière-intention. « Tu lis le journal de l'ennemi. » La faute n'était pas d'avoir entendu le serpent, ni même d'abord d'avoir cueilli le fruit, mais dans le fait d'avoir prêté l'oreille, d'avoir enfin préféré l'hypothèse la plus improbable, la plus affreuse : qu'elle ait pu être le jouet de l'autre, de celui qui l'aimait, de Dieu, d'avoir supposé que nous puissions être l'objet d'un jeu de la part des autres. Ils ont cessé d'être innocents, au moment où ils ont accepté l'éventualité du doute sur l'autre. Dans la parabole des talents, l'œil du serviteur est corrompu, du coup, il devient incapable de reconnaître la bonté de son maître : « Seigneur, je savais que tu es un homme dur... j'ai eu peur. » A l'avance, il « savait » et avait peur.

Léonard et Judas

Une des plus célèbres anecdotes de l'histoire de la peinture évoque Léonard de Vinci en train de peindre la grande fresque de l'Eucharistie : la Cène avec Jésus au milieu des apôtres. Arriva le moment de peindre Judas. Léonard eut du mal à trouver un modèle pour Judas. Il en vint à chercher dans les tavernes et les bouges un visage qui, par sa laideur, lui permettrait de peindre une figure de traître. Après des mois de recherches infructueuses, un jour enfin Léonard crut avoir trouvé. Là-bas, dans un coin, il repère un visage, un visage portant sur sa face les stigmates du vice. Léonard s'approche de l'homme et lui demande s'il accepterait de venir dans son atelier et lui explique – comme on peut le faire à un inconnu – ce qu'il attend de lui. L'homme silencieux regarde fixement Léonard. A la fin, l'homme prend une lanterne et l'approche de son visage, et dit : « Leonardo, tu ne me reconnais pas ? C'est moi qui ai posé pour toi lorsque tu peignais le visage de Jésus. »

Si l'on cherche Judas, on trouvera le visage de Judas mais on ne reconnaîtra plus celui qui avait été le visage de Jésus. Chacun de nous est libre de choisir... en assignant à l'autre le visage imaginé qu'il veut lui donner pour s'en protéger.

Proust et Gilberte

Beaucoup d'entre nous hésiteraient peut-être à reprendre l'idée, un peu abandonnée par les théologiens, qui présentait les sacrements de la foi comme des *remèdes.* Et pourtant cette idée ne fait que refléter un constat et rejoindre le cœur du réel. Tout seul, aucun être humain ne peut arriver au terme du bonheur. Tout seul, aucun être humain ne peut arriver à l'amour des autres. Si une main amie ne tient pas la nôtre, si un regard aimant ne vient pas relayer le nôtre, si une énergie rénovée ne vient pas rajeunir la nôtre, à quoi aboutissons-nous ? En face des autres, on les réduit à une image ou à un moyen. Qui, après vingt-cinq ans de vie conjugale, aurait l'audace de dire que ce lui fut toujours facile de ne pas se servir de l'autre, de ne pas l'utiliser, de ne pas le critiquer parce qu'il n'apporte pas ce qu'on attend de lui ? « L'autre » redevient périodiquement désiré comme un objet de satisfaction. Qui nous délivrera de cette inévitable prostitution même en face de ceux que nous croyons aimer ? Proust s'en aperçoit très tôt lorsque, devenu amoureux de Gilberte qu'il a rencontrée sur les Champs-Élysées, il découvre le repli inéluctable de son amour sur lui-même.

« Et quand vint l'heure du courrier, je me dis, ce soir-là comme tous les autres : je vais recevoir une lettre de Gilberte, elle va me dire qu'elle n'a jamais cessé de m'aimer... Tous les soirs je me plaisais à imaginer cette lettre, je croyais la lire, je m'en récitais chaque phrase. Tout d'un coup je m'arrêtai, effrayé. Je comprenais que si je devais recevoir une lettre de Gilberte, ce ne pourrait pas en tout cas être celle-là puisque c'était moi qui venais de la composer. Même si, par une invraisemblable coïncidence, c'eût été justement la lettre que j'avais inventée que de son côté m'eût adressée Gilberte, y reconnaissant mon œuvre, je n'eusse pas eu l'impression de recevoir quelque chose qui ne vînt pas de moi, quelque chose de réel, de nouveau. Un bonheur extérieur à mon esprit, indépendant de ma volonté, vraiment donné par l'amour. »

« *Psychanalytiquement* » *pur ?*

Le pigeon se contente du reflet d'un miroir, l'amoureux mesure l'autre à sa satisfaction et s'écrit à lui-même la lettre qu'il voudrait recevoir.

La foi nous propose une nouvelle mesure : celle qui nous révèle que chaque être a en lui un point secret par lequel il peut dire : « Notre Père qui es aux cieux. » Chaque prochain a reçu délégation d'éveiller notre désir, de le rectifier, de le contrarier s'il le faut, de l'élargir à coup sûr. Car ce désir contient la part divine de nous-mêmes. « Quand donc t'avons-nous vu avoir faim, avoir soif, être nu ou en prison ? » Pour le « voir », il y faut une lumière venue d'ailleurs. Car à qui subit déjà son propre fardeau, porter le fardeau des autres est impossible sans un visage qui nous y invite. Un seul être sur terre a été « psychanalytiquement » pur devant les autres : ce fut le Christ en face de son Père, comme il le fut en face de ses apôtres, de ses bourreaux, de chacun de nous. La foi vient nous éduquer à ce dialogue, en nous partageant les yeux du Christ. Il faut une lumière, un regard qui dépasse les deux interlocuteurs terrestres pour qu'ils voient au-delà de leurs limites. Est-ce facile de mettre les motifs d'irritation, de scandale, de récrimination ou simplement d'interrogation entre parenthèses ? Non, c'est impossible. Qui peut couper notre pensée et notre parole, qui peut obliger l'image que nous nous donnons de l'autre à composer, à coopérer, à entrer joyeusement dans le concerto ou la symphonie où l'on n'a que le rôle du flûtiste, de la percussion, d'un violon ou de la clarinette, s'il n'y avait pas un Orphée divin, un chef d'orchestre qui nous apprenne à aimer la musique plus que nous-mêmes, non pas seulement à renoncer à notre instrument mais à entendre la mélodie qui peut naître de tout être humain ? « Étrange comme mes idées changent quand je les prie... »

Chapitre 6

L'ÉPREUVE DU TEMPS

Une heure, c'est trop long

Les grands politiques voient arriver le jour où leurs forces déclinent comme tout le monde : le naufrage de la vieillesse. Alors ils écrivent leurs mémoires. Les biologistes disent que les cellules rétiniennes qui commandent la qualité de notre vue déclinent à partir de cinq ans. « Un homme, écrit Faulkner, est la somme de ses propres malheurs. On pourrait penser que le malheur, un jour, finira par se lasser. Mais alors c'est le Temps qui devient son malheur. »

Il faut aller plus loin. L'expérience de l'usure ou de l'impatience ne survient pas « un jour ». Elle est là chaque jour, inéluctable. On ne peut pas sortir du temps pour parler du temps... sinon par la foi. Nous vivons dans le fragmenté, le pointillé, le discontinu. Nous subissons le temps. Nous ramassons de temps à autre les miettes de notre conscience en pointillé, le moment d'un éclair, d'un espoir, d'une fête comme le jour de Noël des compagnons de Dostoïevski au bagne, mais tout risque de retomber dans un goût de cendres. Le chartreux dans son cloître, l'enfant à la fin de ses vacances, le soldat lorsqu'il apprend que la guerre est finie, la mère au soir du mariage d'un de ses enfants, l'épouse devant le verdict du chef de clinique, le prédicateur en descendant de chaire, le professeur à son dernier cours, l'amoureux fiévreux le savent : « Une heure, c'est trop long quand on attend celui qu'on aime ! Une heure, c'est trop court quand c'est tout ce qui reste à vivre ! »

Ce n'est pas par goût du morbide que les philosophes modernes ont défini l'homme comme « un être-fait-pour-la-mort ». Il ne s'agit pas de nous redire seulement ici qu'un jour « ça » finira. Mais que si le premier homme est sorti des hominiens le jour où il fut capable de rendre hommage et culte à ses parents morts, de même chaque homme n'est humain qu'au moment où il accepte la fragilité, la contingence du tissu de sa vie : « Ça passe » ; et ça passe à chaque instant.

Alors on cherche à dominer cette limite.

Deux manières de le faire : par le rêve, on laisse l'inconscient nous gouverner ; ou bien par la mesure, on se confie à la prospective, mais elle aussi demeure abstraite.

Qu'on cherche à échapper au temps, les deux tentations sont inévitables. On le fait soit par-dessous, l'inconscient, soit par-dessus, le calcul. Mille cas de prospectives montrent notre prodigieuse capacité à dominer le fugace par l'abstraction. Lorsque la Suède décida de faire rouler les voitures automobiles à droite et non plus à gauche, en septembre 1967, les spécialistes surent prévoir, à quelques unités près, le risque des accidents probables. Des mois à l'avance, les panneaux de signalisation furent préparés. Puis, pendant huit jours, seuls les pompiers et les médecins furent autorisés à circuler. Et le calcul s'avéra étonnamment exact, à quelques unités près.

Mais sait-on aussi bien calculer l'avenir d'un mariage ? Les frères et sœurs supputent bien cet avenir lorsque l'un d'entre eux introduit dans le cercle familial la nouvelle venue. Chacun y va de sa petite idée : « Tiens, elle est plus cultivée que je ne le croyais » ; « elle n'est pas bête mais elle n'a pas l'air très facile » ; « tu as de la chance, elle sait bien faire la cuisine », etc. Mais c'est vingt-cinq ans plus tard ou plutôt quarante-cinq ans plus tard qu'on saura seulement si culture ou cuisine ont suffi à entourer l'amour pour transfigurer en grâce et fidélité les charmes des promesses de l'adolescence.

S'il nous était confié le soin d'écrire notre avenir et le moment de son terme, nous dirions tous, comme la comtesse Du Barry montant à l'échafaud : « Encore un instant, monsieur le bourreau... »

Comment faire le bilan de son passé ? Les Mémoires de Chateaubriand nous amusent : l'élégance n'y suffit pas, il y faut la rancune. Mais sarcasmes ou élégance, amertumes ou illusions, ne suffiront pas plus à faire l'unité de notre vie. Nous ne sommes jamais qu'une fraction de notre être. Il y a au fond de notre nature une plaie qui nous empêche d'être un. Cet interdit dont nous ignorons l'origine se manifeste à nous par les grandes images du temps, dirigé vers la mort, ou vers l'Éden à jamais perdu. L'homme sera-t-il toujours en train de se faire insecte ou dieu rêvé ? Comment ne pas se dissoudre dans l'histoire ? Pierre Emmanuel avoue : « Je tremble tellement de sortir de moi que je me garde autant que je puis de prier Dieu qu'il me fasse naître. »

Baudelaire et le lustre

La foi n'enlève pas le tremblement. Elle lui donne un sens. Cette image de nous-mêmes qui nous gouverne et que nous élaborons dans un commerce avec les autres n'est pas condamnée au simple éclatement du fugace, au temps qui passe et ne revient pas. La foi nous permet de faire l'unité de notre vie. Baudelaire aimait à dire que dans un théâtre ce qu'il y a de plus beau, c'est le lustre. Pour que le lustre s'éclaire, il faut qu'il soit accroché. A quoi donc accrocher et raccrocher notre vie, ces mille petites lumières pour qu'elles forment un tout resplendissant et non le scintillement fragile et passager d'un rêve ? A quoi les hommes raccrochent-ils leur existence ? Les musulmans à un Livre ; d'autres à un projet, à un idéal, à une loi ; d'autres à un combat, un devoir ; d'autres à une passion, une œuvre, un art. Mais tout passe. A quoi accrocher notre lustre ? Comment opérer la distinction qui séparerait nos actes, bons ou mauvais, qui se chassent l'un l'autre ne laissant sur le sable du rivage que les traces fugitives de nos pas ? Nous pressentons bien que notre personne vaut mieux que nos actes. Nous savons bien que nous avons en nous de quoi reprendre le passé, le restaurer, le rétablir, le récapituler et que nos seules actions ne peuvent pas à elles seules suffire pour que nous soyons jugés. A quoi la foi nous raccroche-t-elle ?

Elle va au-delà de nos actions. Elle atteint notre personne. Elle nous propose une amitié. Une main s'est tendue à l'homme. Non pas seulement du créateur de Michel-Ange, mais celle du Sauveur à la Samaritaine, à Thomas l'incrédule, aux disciples d'Emmaüs, et cela au moment même où ils étaient dans la détresse et la perplexité du chemin.

Une personne nous a pris en charge : le Fils de Dieu. Il nous propose de revêtir son existence. Une autre règle détermine désormais l'unité, l'étalon de mesure de notre vie : c'est la grandeur des sacrements de la foi. Le baptême nous donne un visage ; l'eucharistie nous met en possession, à chaque étape du désert, du terme même de la route ; le pardon récapitule tout le passé en nous proposant de poser un acte neuf qui recrée et restaure notre personne en amitié divine. Il est vrai que nos actes ont été déficients par rapport à l'ordre de l'univers, par rapport à ce qu'en attendaient les autres, nous-mêmes et Dieu. Et d'une certaine façon, c'est irrémédiable. Il serait impossible de fausser la balance s'il n'y avait pas une autre mesure que la nôtre pour rétablir l'unité. Heureusement il y a le (faux) poids de l'amour. Quelqu'un nous aime. Nous ne sommes plus seuls en face du temps et de la justice. Sinon qui subsisterait ? Un amour nous permet de distinguer entre nos actes qui passent et dont certains nous dévaluent et notre personne qui est aimée et qui vaut mieux que nos actes.

Alors l'unité est possible et, dès maintenant, la mort peut être vaincue. Lorsque la rupture est surmontée, nous sommes rétablis en pouvoir de restaurer nous-mêmes, par des actes nouveaux de foi et de pardon (de « satisfaction »), tout ce qui aurait pu être insuffisant dans notre vie.

Et cela *avec tendresse.* C'est l'ultime victoire de la foi. Nous pourrions être victimes du regard des autres ou de notre propre regard sur nous-mêmes. Nous pourrions être victimes d'une mesure ou bien trop laxiste ou bien trop difficile à appliquer, et donc, en toute hypothèse, finalement injuste. Et voici que le Christ nous regarde avec tendresse comme il a regardé Pierre, Madeleine, Zachée, Thomas, et il nous propose de nous regarder ainsi. On ne grandit bien que pour ceux dont on est aimé. On ne se remet à grandir que pour ceux qui nous regardent « autrement ». Avoir la foi, c'est croire qu'on peut être impunément nu, sans défense, sans crainte, sans angoisse devant un regard qui décape mais qui recrée. Ce bruit confus que l'on perçoit, est-ce le piétinement des barbares prêts à tout casser ou bien le premier assemblage d'une nouvelle construction plus belle ? Au fond, cela nous devient égal. Une autre certitude a empli notre vie : Il était hier, Il sera là demain. Fidèle. Et nous serons tous jugés sur l'amour, son amour. Quelle chance, la seule. L'amour fausse (ou plutôt rétablit) toujours la balance. Tout nous condamnerait. C'est grâce au poids de l'amour que nous passerons au travers. « Celui qui croit en lui, échappe au jugement » (Jn 3, 12).

Comment le dire ? Ça ne s'exprime pas. Il est possible de dire l'angoisse. Simone de Beauvoir a peut-être mieux décrit que quiconque l'angoisse du temps qui écrase, de la durée qui émiette, de la mort qui anticipe :

« C'est une bête géante qui s'assied sur ma poitrine. C'est vrai, c'est le cauchemar d'avoir plus de cinquante ans qui est vrai ! Comment ce qui n'a ni forme ni substance : le temps peut-il m'écraser d'un poids si lourd que je cesse de respirer ! Comment ce qui n'existe pas, l'avenir, peut-il implacablement se calculer ? Mon soixante-douzième anniversaire est aussi proche que le jour si proche de la Libération de Paris. Pour m'en convaincre, je n'ai qu'à me planter devant la glace : je vois mon ancienne tête, où la variole s'est mise, dont je ne guérirai pas. Elle m'infecte aussi le cœur, j'ai perdu ce pouvoir que j'avais de séparer les ténèbres de la lumière, me ménageant au prix de quelques tornades, des ciels radieux ; mes révoltes sont découragées, mes bonheurs ont pâli. La mort n'est plus dans les lointains une aventure brutale : elle hante mon sommeil. Elle a déjà commencé. Voilà ce que je ne prévoyais pas, cela commence tôt et ça ronge... Le moment est arrivé de dire : “Jamais plus !” Ce n'est pas moi qui me détache de mes anciens projets, ce sont eux qui se détachent de moi. Les chemins de montagne se refusent à mes pieds. Jamais plus, je ne glisserai, solitaire sur la neige des matins, jamais plus, un homme ne me tiendra dans ses bras ! Ce qui me navre : c'est de ne plus rencontrer en moi de désirs neufs : ils se flétrissent avant de naître. Jadis, les jours glissaient sans hâte, j'allais plus vite qu'eux. Maintenant, j'évite de penser dans dix ans, dans un an... La seule chose à la fois neuve et importante qui puisse m'arriver, c'est le malheur, ou bien je verrai Sartre mort ou bien je mourrai avant lui. C'est affreux de ne pas être là pour consoler quelqu'un de la peine qu'on lui fait en le quittant. C'est affreux qu'il vous abandonne et se taise. A moins de la plus improbable des chances, un de ces lots sera le mien. Parfois je souhaite en finir vite, afin d'abréger cette angoisse. »

Le check-up de toute vie humaine est exactement identique au bulletin de santé de la foi du chrétien. Radiographies, échographies, tomographies en reviennent toujours à ces trois expériences. Elles sont inévitables (« incontournables »). Elles sont les trois complices de Dieu. Les neuf dixièmes immergés de l'iceberg et qu'on oublie souvent lorsqu'on parle de la foi.

Qu'est-ce donc que des hommes en état de désir, d'appel et d'inconfort ? Qu'est-ce donc que des hommes en état de compagnonnage, emportés dans la caravane où les éclaboussures sont inévitables mais les chants salvateurs ? Qu'est-ce donc que des hommes qui n'ont pas attendu pour savoir où était le but et qui ont vaincu la traversée du désert par la certitude de leur espérance ? Sinon des hommes *en état d'exode.* La foi est la vertu de l'exode, du pèlerinage, du passage. C'est-à-dire qu'elle est *la vertu des imperfections.* Nous voudrions qu'elle soit une qualité parfaite. Seule la charité est la vertu du terme et de la perfection. Foi et espérance sont des vertus des déceptions, de la crise, des découragements, des désillusions et aussi des re-départs, des réveils, des sursauts, des ténacités. C'est la vertu non pas seulement de la nuit, mais du petit matin, heure encore plus dure.

C'est la vertu de l'aube. C'est la vertu des trois sourires qui sauvent notre vie [1].

---

1. Une des limites des réformes liturgiques ou plutôt de leur application est peut-être de nous avoir fait vivre à la surface des sacrements. Tout ce que nous avons dit ici de la foi nous livre la géologie de ces actes créateurs, en exercice de sainteté, que sont les sacrements de la foi. Prenons un exemple : le sacrement du pardon. Aucun mot ne suffit à le désigner. Il vise d'abord la première expérience dont nous avons parlé : il est d'abord le sacrement de la *restauration* de l'image de nous-mêmes, de ce désir, de ce projet qui nous habite et que Dieu rétablit en nous. Puis il devient alors possible d'être *réconcilié* avec les autres, et donc en troisième temps d'être victorieux du poids du passé *et* autant de l'angoisse de l'avenir par cette reprise en amitié de Dieu lui-même qui effaçant la « coulpe » (la rupture) nous défait de la « peine » (c'est-à-dire du désordre) en nous rendant capables de poser un acte récapitulateur et re-créateur de nous-mêmes. Telle est la « substructure anthropologique » des sacrements chrétiens, comme disent certains, ce que nous avons appelé ici : les trois sourires de l'existence chrétienne (cf. notre article dans *Concilium,* « La substructure anthropologique des sacrements chrétiens », n° 31, 1968, p. 35-48).

Troisième partie

TROIS DÉFIS

- Une lumière :
  A quoi bon des dogmes ?
  Un catéchisme est-il utile ?
- Une rencontre :
  Peut-on perdre la foi ?
- Une liberté :
  Pour naître à la foi, il faut vouloir naître.

Chapitre 7

UNE LUMIÈRE : A QUOI BON DES DOGMES ? UN CATÉCHISME EST-IL UTILE ?

Même dans les pays encore étrangers au christianisme, comme par exemple le Japon, on accroche désormais, pendant le temps de Noël, une étoile à une crèche ou à un sapin. Une étoile a au moins cinq branches. C'est lumineux. C'est heureux. Destinée aux enfants, c'est cependant confié aux parents. La « doctrine » de la foi chrétienne est comme l'étoile de Noël. Je voudrais en regarder les cinq branches. Comme l'étoile, le catéchisme est destiné aux enfants mais confié aux parents.

Un catéchisme est-il utile ? En France, on a beaucoup discuté. On a aussi caricaturé. Beaucoup de débats. Vus de loin, ces débats d'Occidentaux ont parfois l'allure de débats de riches : riches de passé, riches de culture, riches d'idéologies, riches aussi, parfois, d'orgueil et de luxe là où on aurait aimé voir peut-être un plus d'humilité. Où est-il le catéchisme qui aurait le souffle d'un saint Paul, ouvert aux Grecs et aux païens, aux Juifs et aux gentils ? Qu'est-ce que nos disputes d'Occidentaux un peu rétrécis ou prétentieux, en face des grands appels de l'Asie et de l'Afrique ? Ne l'entendons-nous pas cette nostalgie de l'essentiel qui nous dit que si la religion n'est plus capable d'unir les hommes, c'en sera fait de l'esprit humain ? « Les petits ont demandé du pain et il n'y a eu personne pour le leur rompre », s'écriait Jérémie. C'est encore le cri d'aujourd'hui. Les mages de l'évangile de saint Matthieu ont entendu parler des débats entre scribes et docteurs d'Hérode. Mais ils ont suivi l'étoile. Suivons-la. J'en retiens les cinq branches, les cinq éclats, comme les cinq lumières de toute parole, de toute doctrine, de toute théologie, de toute catéchèse, suscitées par la foi chrétienne.

Au-delà des idées et hypothèses, le réel

L'étoile de Bethléem était d'abord destinée à conduire les hommes à du réel, non pas à des idées, à des débats, à des hypothèses, à de l'exégèse ou à des suppositions, mais à quelqu'un de bien vivant : un enfant, un pauvre, un sauveur.

C'est la visée de la foi. Nous sommes dans la nuit. Nous avons besoin d'une lumière, non pas pour nous dire que tous les chemins sont bons, mais pour nous dire : ce chemin-ci conduit à coup sûr à Dieu. On entend parfois des critiques sur les dogmes. Comme si les dogmes étaient une prison. C'est l'inverse : les dogmes sont les grands chemins du réel. C'est la carte de Dieu : elle ne prétend pas enserrer, emprisonner le mystère, mais nous dire par quelles routes on y va sûrement. L'Église nous dit que la foi est libre. Aucune formulation ne pourra bien sûr, jamais prétendre dire la totalité du mystère mais il reste qu'il y a des cartes plus justes que les autres, qu'il y a des directions plus précises, qu'il y a un nord magnétique et que n'importe quelle promesse de lumière ne conduit pas forcément à la réalité. Nous sommes, l'humanité à chaque étape de son histoire est exactement comme l'homme dont parle Baudelaire lorsqu'en évoquant sa propre histoire, il écrit : « Toute ma vie est comme la marche d'un pauvre homme perdu dans la forêt. Une forêt dangereuse. L'homme est là, entouré de tous les périls. Il est perdu. Et puis, voilà qu'un jour, loin, loin, à travers les troncs des arbres, une lumière s'allume. Dans quelque cabane de garde forestier, le garde est rentré, il allume sa lampe. "Ah ! dit l'homme perdu, me voilà sauvé !" Il sait où aller. Tout est sauvé : il marche... Puis, voilà qu'après quelques instants, le garde sans doute s'est mis au lit et il a soufflé sa lampe... Le diable a tout éteint au carreau de l'auberge. Et de nouveau tout est perdu. »

La première fonction d'un catéchisme est de nous indiquer comme l'étoile de Bethléem là où est, à coup sûr, la maison dont nous avons besoin et qu'elle n'est pas fermée. On cherche tous cette auberge : y a-t-il un Dieu ? Y a-t-il une vérité ? Est-il possible de faire confiance à Quelqu'un en face du mal, en face du désespoir, en face de la lutte de chaque jour, du travail, en face du péché, en face de notre fragilité ? Pourquoi aurions-nous tout à coup peur du mot « catéchisme » ? Serait-ce une certaine peur du réel qui nous menacerait ? Est-il « Fils de Dieu » ? Oui ou non ? Est-il « ressuscité » ? Oui ou non ? Est-il « présent » réellement dans l'Église, son sacrement ? Oui ou non ? Y a-t-il du réel, une vraie auberge, ou y a-t-il seulement des idées, des hypothèses, des à-peu-près qui s'éteignent lorsqu'on approche ?

Un réel chaleureux

La lumière de foi, comme l'étoile des mages, a une deuxième fonction. L'étoile ne les a pas conduits seulement à une réalité mais à une réalité accueillante, réchauffante : une famille, un lieu où l'on pouvait reprendre espoir. Si Marie et Joseph, si les bergers ont chanté la Gloire de Dieu, alors nous sommes, nous aussi, invités à chanter cette nouvelle formidable : le dernier mot n'est pas une réalité triste mais un salut.

Par un mimétisme timide, certaine catéchèse a pris l'habitude de dire : « Les chrétiens pensent que », « Pour les chrétiens, c'est aussi... » Mais cela ne suffit pas. « Je ne peux aimer le Christ, si mon frère ne l'aime pas aussi. » La deuxième qualité d'une « doctrine » chrétienne est d'être heureuse. Les chrétiens ne font pas que « penser » que leur Dieu est Trinité : ils sont heureux que Dieu soit échange, partage, communication. Quel bonheur puisque nous y sommes invités. L'étoile invite à entrer dans le chant du *Gloria in excelsis Deo,* et les anges chantent bien dans nos campagnes.

... *Pour communier*

Écoutons-les, ils nous indiquent la troisième qualité d'une catéchèse. C'est un troisième défi. On n'invente pas la vérité, on la reçoit, on la reçoit d'une histoire sainte. Et cette histoire nous est livrée dans des mots, des livres, des aventures extraordinairement proches et variées. Ouvrons la Bible : c'est la bibliothèque qui a permis à toutes les générations de catéchistes de nous parler de Dieu. Et voici qu'on y trouve comme dans une prairie normande des fleurs si variées que personne ne pourra dire qu'il ne les comprend pas. C'est cela le catéchisme : une lumière accessible à tout le monde, une lumière faite pour communier. Dans la Bible, il y a aussi bien les souvenirs de famille que sont les livres de l'Exode, les livres de Samuel, le livre des Juges. Il y a d'abord le pacte fondamental, l'ouverture grandiose : la Genèse et le livre de Job. On peut interroger ce Dieu qui nous a créés. Et il y a le poème du cœur de Dieu que chantent Osée, Isaïe et le Cantique des Cantiques, inlassablement répété. Enfin tout cela est relu et expliqué par Jésus, au long de la route d'Emmaüs, à des hommes « au cœur triste et lent à comprendre » c'est-à-dire à nous tous. Et c'est parce que nous sommes toujours « lents à comprendre » qu'au long des siècles, l'Église inlassablement a hiérarchisé, approprié, simplifié, répété le message pour que tous puissent y communier en entrant dans sa lumière.

Ouvert à tous

Regardons la quatrième branche de l'étoile. Le doute aujourd'hui a gagné trop d'entre nous : nous allons répétant qu'il n'y a plus de discours universel possible. Une parole faite pour tous serait devenue impossible ? En disant cela, on ne fait que rendre encore plus urgente la contagion lumineuse de la foi. Pourquoi si des milliards d'humains sont capables de communier dans la musique, le sport ou la science, ne le seraient-ils pas dans la recherche de l'essentiel ? Pourquoi s'ils savent qui est Karajan ou Mozart, Pelé ou Prost, Pasteur ou Edison, ne sauraient-ils pas, de manière aussi heureuse, qui est Bouddha, Isaïe ou Jésus-Christ ?

Que la foi soit une lumière obscure, c'est évident, nous l'avons rappelé. Elle conduit au réel. Dieu est, mais la foi ne dispense pas d'affronter ce réel : non parce qu'il serait dur, mais parce qu'il nous dépasse, et forcément, puisqu'il s'agit d'épouser le regard de Dieu, puisqu'il s'agit d'accueillir une autre lumière que la nôtre et donc de ne pas la diminuer. Ce n'est pas confortable. Dieu est un, mais Il est en trois personnes. Jésus est une seule personne mais il possède deux natures, Dieu et homme. Plus on entre dans la foi, plus la lumière s'approfondit, plus on découvre en même temps qu'on est invité à entrer dans la confiance et l'adoration et que Dieu n'est pas en face de nous comme un autre être. On découvre alors que notre existence et notre consistance en face de Dieu sont pour nous aussi incompréhensibles que Dieu lui-même et que l'avenir, la justice, la miséricorde, le pardon et le mal sont des mystères accessibles seulement par la foi. Si nous n'en restons qu'à nos idées, nous risquons d'en rester à un langage trop limité et devenons alors incapables de communiquer avec les autres. Par la foi, on rejoint ce point secret où tout homme peut dire en même temps « Notre Père qui es aux cieux » et « Donne-moi du pain, donne-nous le pardon, que ta volonté soit faite ». Cela est un langage compréhensible par tous, universel, « catholique ». Si Hérode et les scribes ne l'ont pas compris, les mages et les bergers qui ne parlaient pourtant pas la même langue entre eux, l'ont compris en regardant le Christ.

« Accroche ton wagon à une étoile... »

Reste une cinquième branche à l'étoile. Le cinquième défi de la catéchèse de l'an 2000. Le XXIe siècle aura besoin du réel et pas seulement d'idées vagues ou d'hypothèses, c'était la première branche de l'étoile. Deuxième défi : le XXIe siècle attend un catéchisme qui sauve, qui apporte une rupture dans notre solitude et pas seulement des considérations. Troisième défi : le XXIe siècle attend que cette parole de vérité et de salut soit aussi une force de communion et quatrième défi : que cette communion soit offerte à tous. Mais dernier défi, dernier éclat de l'étoile : on attend de notre foi que sa parole soit ouverte sur plus grand que soi, sur plus grand que nous. *L'humanité en a assez de n'être qu'humaine.* Que ce soit en face des vertiges de la science, du voyage sur la lune, des conflits devenus fous, des drames des pays pauvres : dites-nous si votre catéchisme ouvre sur un avenir d'espérance ?

Qu'a fait Jésus lorsqu'il a parlé ? Pour que sa parole reste ouverte au mystère et cela, de l'intérieur même de ses sermons, il a tout simplement utilisé des paraboles : c'est-à-dire de ce qu'il y a de plus courant, de plus proche dans notre vie, un langage fraternel et en même temps impossible à clôturer sur lui-même. Des paroles ouvertes à l'infini. C'est toujours positif et c'est toujours ouvert à plus grand que soi : « Vous êtes les brebis, je suis la porte. Le semeur sort pour semer. L'enfant retrouve les bras de son père, la petite graine devient un grand arbre, le levain caché fait lever toute la pâte, les ouvriers qui ont à peine travaillé une heure reçoivent le salaire de toute la journée et les pauvres, les sans-grade, les démunis sont tous invités au festin de noces. »

Voilà le catéchisme de l'an 2000, celui de l'Évangile et du Credo. On va dire : reste encore du travail. Tant mieux. Les mages et les bergers sont repartis de Bethléem en sachant qu'ils mettraient toute leur vie à remercier l'étoile de les y avoir conduits.

Un proverbe américain propose d'accrocher son wagon à une étoile. Le wagon est notre vie. C'est lourd et pesant... L'étoile est la lumière des splendeurs de Dieu. C'est le Credo. Quelle chance : nous avons une lumière à laquelle accrocher notre vie.

Une étoile... quelle chance !

Chapitre 8

UNE RENCONTRE : PEUT-ON PERDRE LA FOI ?

Il ne m'a jamais été donné d'établir les questions proposées à un sondage. Mais qu'il soit destiné à des catéchistes, à des enfants, des grands-parents ou à des prêtres, je mettrais sûrement en tête de sondage une question très simple :

« De quoi souffririez-vous le plus ? Quelle est dans votre vie la souffrance que vous redoutez vraiment le plus ? »

Voici mes trois réponses. On ne peut pas mettre d'ordre dans la souffrance. On souffre. C'est tout. Et cependant ces trois réponses se hiérarchisent d'elles-mêmes. On ne peut souffrir *que de ce qui amène à la mort.* D'abord la mort de ses amis, et c'est la solitude. Puis de sa propre mort, et c'est la maladie. Mais il y a quelque chose dont personnellement je souffre encore plus, c'est de la mort de Dieu dans une vie. On n'évite pas cette question : peut-on perdre la foi ?

Lorsque je vois des êtres remarquables, beaucoup plus généreux, beaucoup plus fins, beaucoup plus vertueux que moi et qui refusent et se refusent à dire qu'ils « croient », je suis bouleversé. Peut-on perdre la foi ? Une désillusion secrète empêche ceux à qui je pense d'avancer sur la voie de l'espoir et de la confiance alors qu'ils le pourraient. C'est comme si la cendre avait recouvert leur espérance. Je ne peux pas m'y faire. Les professeurs et les spécialistes se penchent sur les problèmes que rencontrent tout responsable de paroisse ou tout parent : enfants qui ne sont plus baptisés ; adolescents qui ne sont plus catéchisés ; jeunes qui vivent ensemble et ne se marient pas, etc. Mais il faut aller jusqu'au bout de la souffrance inévitable que cachent ces questions. Car derrière elles et derrière toutes celles que se posent les croyants aujourd'hui, il y a peut-être une certaine angoisse : peut-on éviter l'usure de la foi ? La rencontre qui, un jour, avait décidé de tout peut-elle perdre le goût de la présence ?

Comment ne pas rejoindre, après trente ans de prédication à la télévision et à la radio, ceux qui, dans le courrier, d'une manière très noble et bouleversante, sans agressivité, nous font partager cette souffrance devant leurs enfants qui s'éloignent de la pratique religieuse, devant le refus d'un baptême pour des petits-enfants, devant celui qu'on aime et qui « dit » ne pas croire. Ici je pense à l'exclamation de Mgr Decourtray, cardinal de Lyon, parlant du cancer qui l'avait atteint à la gorge et dont il fut miraculeusement tiré par sœur Élisabeth de la Trinité. Mgr Decourtray dit seulement : « Je préférerais perdre la vie plutôt que de perdre la parole. » Il voulait dire par là que, pour lui, la possibilité de confesser la foi était devenue plus précieuse que sa vie. Je voudrais pouvoir dire la même chose au terme de mon existence en face de ceux qui pensent avoir « perdu » la foi. Jamais je ne me contenterai ici d'analyses, aussi intelligentes soient-elles, sur les « crises » du monde moderne, l'apostasie ou la valeur décapante de la nuit et l'athéisme pour le croyant. Les analyses restent en deçà ou au-delà du réel. Celui-ci est plus brutal. Comment croire et ne pas avoir besoin du partage de communier ? Comment croire et rester mendiant de ses certitudes ? Comment croire et ne pas souffrir ? Après cinquante ans de présence missionnaire au Japon, juste avant sa mort à l'hôpital de Kyoto, le père Tarte, dominicain, répétait que rien ne l'avait rendu aussi heureux et rien ne l'avait fait autant souffrir que la foi. Mais quelle lueur de fidélité et de confiance dans ses yeux ! Je me suis mis à genoux pour lui demander de me bénir.

Il y a des excuses

En face des lassitudes ou des impressions de disparition de la foi, il faut reconnaître, premièrement, qu'il y a souvent des excuses. A deux titres : celui de l'ignorance pour l'intelligence, et celui de l'usure pour la sensibilité. L'ignorance a été de tous les temps. Mais elle est devenue institutionnalisée. Et on est tous compromis dans cette désertion. Désormais beaucoup de nos compagnons ne savent même plus qui est le Christ. On avait déjà depuis plusieurs siècles éliminé le message biblique de notre civilisation. Des trois bases de notre culture : Rome, la Grèce, la Bible, il n'en restait que deux dans nos études. Maintenant, c'est fait, le vocabulaire chrétien, biblique lui-même n'est plus compris. On a interrogé récemment des élèves des classes de lycées, quatorze-quinze ans, sur le mot « crucifix ». Réponse : « C'est une sorte de tournevis. » Je n'invente rien. Aucune malveillance ici : « crucifix » avait fait penser à « cruciforme ». Certes, de temps en temps, des manifestations culturelles peuvent faire illusion. On reçoit solennellement les manuscrits de la mer Morte au Grand Palais, à Paris, pour honorer la place de la Bible dans la culture. Catalogue superbe. Mais le Christ est royalement absent des présentations. On pourrait multiplier les exemples. Ne citons pas certaines merveilles : je les connais. *La Passion selon saint Jean* de Bach au théâtre des Champs-Élysées ; les *Gospels* au théâtre du Châtelet. Je les ai vus. Moments splendides, mais réduits à des impressions esthétiques qui n'empêchent pas que le tournant de l'ignorance est pris. C'est un fait : Jésus-Christ est reconduit par notre culture au vestiaire des objets devenus étrangers. Et ce n'est pas seulement la culture laïque officielle qui nous prive de notre patrimoine, mais parfois, hélas, aussi les organes d'information chrétienne qui ont quelque crainte à dire la foi. Il faudra bien s'en expliquer un jour. On ne va pas éternellement rester ligotés à des informations de caoutchouc ou bien à la mainmise de quelques-uns sur le pouvoir d'informer. Il faudrait revenir sur cette question sans complexe, avec clarté, car cela compte beaucoup dans les à-peu-près de la foi aujourd'hui.

Si l'environnement immédiat ne se mobilise plus, les enfants risquent de ne plus rien savoir du christianisme. La responsabilité est entre les mains de tous.

Parmi d'autres raisons de la perte de la foi, saint Thomas d'Aquin indiquait une autre cause. C'est l'usure de la sensibilité et spécialement la luxure. Se prendre pour idole amène peu à peu à ne plus entendre Dieu. Inutile d'insister : c'est aussi un fait massif.

On n'est pas seul dans ce cas

Bien des causes seraient à évoquer pour comprendre combien ceux qui s'éloignent de la foi ont des excuses, je préfère passer à une autre remarque. Apparemment excusable, celui qui pense ne plus croire ne doit pas s'imaginer être anormal ou solitaire. Car il est dans la nature de la foi de se purifier. N'appelons pas cela trop vite « la perdre ». C'est en croyant que la foi se virginise peu à peu. On croit que l'on croit et ce que nous appelons « perdre la foi » n'est, la plupart du temps, que le passage normal au véritable statut de la foi qui est celui de la confiance à l'intérieur d'une rencontre.

Certains maîtres peuvent ici nous guider. Je pense d'abord à saint Pierre. Il a trahi, de manière sordide. Il a trahi au moment même où l'on torturait celui qu'il aimait. Et il l'a abandonné. Alors il a le droit de nous parler de la tentation. Il sait bien ce que cela veut dire lorsqu'il écrit dans son épître : « Déchargez-vous sur lui, le Christ, de votre inquiétude sachant que vos frères qui sont dans le monde supportent le même genre d'épreuve. Alors lui-même ; le Christ vous rendra inébranlables. »

Autre exemple. Elle est à quelques mois de sa mort et elle se dit : « Avance, avance, réjouis-toi de la mort qui te donnera non ce que tu espères mais une nuit plus profonde encore, la nuit du néant... C'est un mur qui s'élève jusqu'aux cieux. Lorsque je chante le bonheur du Ciel, je n'en ressens aucune joie, car je chante simplement ce que je veux croire. Je ne crois pas à la vie éternelle. Il me semble qu'après cette vie il n'y a plus rien : tout a disparu pour moi. Je ne veux pas en écrire plus long, je craindrais de blasphémer... j'ai peur même d'en avoir trop dit. »

De qui sont ces phrases ? d'un philosophe révolté ? d'un personnage désespéré venu du théâtre d'aujourd'hui, d'un drogué aspiré par le vertige du suicide ? Non, c'est Thérèse de Lisieux qui les a écrites, dans son lit, le 9 juin 1897, trois mois avant de mourir. Et la veille de sa mort, mère Agnès, la propre sœur de sainte Thérèse ira se jeter au pied de la statue du Sacré-Cœur pour supplier le Christ que sa sœur Thérèse ne meure pas en blasphémant, tant elle souffrait.

Évidemment Thérèse croyait en la vie éternelle. Comme la plupart de ceux qui pensent avoir perdu la foi, ils attendent encore quelque chose. Mais cela n'a pas empêché sainte Thérèse de connaître cette épreuve de ne plus rien voir jusqu'au pire vertige, celui du suicide. Et c'est alors qu'elle retourne et éclaire tout. Car après avoir dit que désormais elle comprend « les pires conclusions des matérialistes », après avoir confessé que sa seule sécurité est d'être « les mains vides », elle ajoute aussitôt : « Il ne me reste plus que l'amour. »

C'est lui qui nous tient la main

Cela éclaire tout. Et c'est notre troisième remarque. On se trompe presque toujours en parlant de la perte de la foi, car la foi n'est pas ce que nous pensons. En effet, dans toute la gamme des connaissances qui nous est donnée : la science, l'opinion, la philosophie, la technologie, la foi apporte une lumière qui lui est propre. Or ce que cette lumière de la foi a de propre, c'est de nous conduire à l'amour et de n'être saisi que par l'amour. Croire, ce n'est pas connaître par évidence et déduction, comme dans la science ; ni par analyse et confrontation comme dans la philosophie ; ni par construction comme dans la technique ; ni par regroupements de témoignages et accumulation comme dans l'histoire ou l'opinion ; ni par vérification d'efficacité comme dans la technologie. Croire, c'est tenir pour assuré, c'est bien « co-naître », c'est bien partager une lumière mais parce qu'on adhère à quelqu'un qu'on aime. C'est une connaissance qui suit la rencontre d'une Personne, qui rend désormais indissociable le message entendu et l'accueil de cette Personne. On ne peut pas rendre, dire le message, si on refuse la présence de l'autre. On lui fait confiance parce qu'on a vu qu'il était le bien pour nous. Ici, on ne connaît rien si on n'adhère pas. Et c'est une manière de connaître *originale* au milieu de toutes les autres. On sait bien, par exemple, que cela change tout pour connaître des enfants, pour comprendre un époux ou une épouse, de les aimer ou non !

★

Pourtant l'usure et la perte de la foi existent bien. Et c'est terrible. Nous sommes libres de nous orienter, libres de dire « non » ou « oui ». Mais je ne suis pas sûr que ce soit la foi qu'il faut craindre de perdre.

Car ce serait supposer que Dieu puisse nous perdre, ce serait supposer qu'Il ne nous aurait pas inscrit dans la paume de ses mains. « Une mère oublierait-elle son enfant ? » Les prisonniers du temps de la dernière guerre se rappellent le drame où un jour telle fiancée, telle épouse n'envoyait plus de colis. Mais ils avouent tous : « Jamais, on n'a vu une mère arrêter d'envoyer un colis à son fils. »

Voici le premier et le dernier secret de la foi chrétienne : on ne peut pas penser la foi comme si on était seul. Il y a un partenaire. Et lui n'est pas près de nous perdre.

Vous avez peut-être eu l'occasion d'assister à l'effort d'un éducateur qui cherche à éveiller au langage, à la communication, un enfant handicapé. Ces éducateurs ont l'impression de découvrir à travers ces enfants la merveille et la fragilité qu'est l'éveil de l'intelligence. Que peut-il se passer dans ce cerveau endormi ou abîmé ? Il n'est pas impossible d'espérer. L'éducateur lance des messages par tous les moyens possibles. Et le miracle se produit. Souvenez-vous de ce film du grand médecin Bettelheim, où devant un enfant de dix ans complètement emmuré, le médecin se rendait compte qu'il se passait quelque chose d'extraordinaire, simplement lorsque de l'eau coulait sur les mains de l'enfant. A partir de là seulement, il a pu reconstruire toute la communication... Nous sommes tous, tant que nous sommes, des emmurés de ce genre. Quand l'Évangile dit que Dieu envoie son

Fils « proclamer aux captifs la délivrance et aux aveugles le retour à la vue », quand on voit Jésus « tendre la main vers le lépreux », je pense que Celui qui est l'Amour infini cherche inlassablement à nous sortir de notre emmurement spirituel avec une patience, une tendresse dont celles des éducateurs spécialisés pour les enfants handicapés ne nous donnent encore, aussi merveilleux soient-ils, qu'une faible idée. « C'est moi, dit Dieu par le prophète Osée, qui ai appris à mon peuple à marcher, les prenant dans mes bras, mais ils n'ont pas reconnu que je prenais soin d'eux. » « Moi, dit Dieu par le prophète Jérémie, je vous ai parlé inlassablement. »

Alors, que nous manque-t-il ? Que l'on soit adulte ou enfant, handicapé ou non, comme pour l'enfant qui commence à communiquer, la principale chose qui est nécessaire, c'est l'humilité, l'humilité qui nous révèle qu'on tient le cœur de Dieu d'abord par notre faiblesse et donc par la confiance.

Perdre la foi ? La réponse est dans cette prière qui lie le cœur de Dieu. Il a suspendu notre prédestination, c'est-à-dire notre fidélité ultime, à notre prière ; seulement à cela : que nous lui demandions d'être fidèles, jusqu'au bout. C'est la prière des bergers revenant de la crèche : « Mon Seigneur et mon Dieu. »

★

La foi chrétienne commence et se termine par une rencontre, pour certains : pêche miraculeuse, pour d'autres : chemin de Damas. Il faut insister. *Nous demeurons maîtres de la rencontre.* Dieu agit et meut toutes choses non pas comme l'homme le fait. L'être humain met à part, entreprend, agit, intervient, interfère à la manière d'un agent efficace. L'action de Dieu n'en est pas moins réelle mais elle n'est pas de cet ordre-là, qui relève d'abord de la production et du mécanisme. L'action divine est de l'ordre de l'amour et du bien. Elle procède à la manière qui est propre à l'amour : par séduction, en dévoilant une attirance. Toute vocation et toute foi naissent de cette attirance, de ce bouleversement intime vers une plénitude. C'est d'ailleurs pourquoi nous restons libres : on peut toujours refuser l'attirance et ne pas se laisser prendre à la séduction. C'est la seule explication ultime aux ruptures du mal. Le soleil est là, la musique est là, la grâce est là : mais nous gardons le redoutable pouvoir – et c'est un pouvoir divin même s'il reste négatif – de dire non, de fermer les volets, d'obstruer nos oreilles ou d'offusquer la lumière. « Dieu était là et je ne le savais pas. » Nous sommes bien comme des dieux, capables de rupture – et en face de l'Infini – d'une rupture infinie. C'est même le prix de notre dignité. Dieu s'est mis à la merci de notre réponse. Les paysans de mon pays de montagne inscrivent sur les bossards qui soutiennent la poutre maîtresse de leur maison des inscriptions où se résume toute leur sagesse. Souvent cette sentence revient : « L'homme propose mais Dieu dispose. » En régime chrétien, il faut inverser la proposition. C'est Dieu qui se propose et, en dernier ressort, l'homme qui dispose. Le jeune homme riche est libre de s'en retourner, et l'aveugle, libre de prendre la main du Christ, même s'il ne doit « voir » qu'à la sortie du village.

★

« Il n'est pas vrai que tout découvre Dieu, et il n'est pas vrai que tout cache Dieu. Mais il est vrai tout ensemble qu'il se cache à ceux qui le tentent, et qu'il se découvre à ceux qui le cherchent, parce que les hommes sont tout ensemble indignes de Dieu, et capables de Dieu » (Pascal).

★

Paradoxe de la foi qui en contient toute la noblesse, la grandeur et l'humilité. Nous voudrions bien qu'elle nous apportât la clarté d'une évidence irrécusable et, bien sûr, qu'elle nous laissât, en même temps, libres. Mais ce serait vouloir la contradiction et donc l'impossible. Si Dieu se présentait à nous avec l'évidence contraignante de la science, ce serait irrépressible, irréversible et irrémédiable. Ce serait tout de suite le tout ou rien. On serait au pied du mur. Ce serait dès maintenant le Jugement dernier et donc la fin de toute liberté. Le Dieu de l'Évangile se soumet à notre disposition. C'est par là qu'Il est beaucoup plus « dangereux », disait Origène. Il s'en remet à notre liberté. En Jésus-Christ, il s'est présenté comme un mendiant.

★

« Celui qui nous était caché,
il est venu être nous-mêmes.

Il était de vous et de moi,
il est devenu vous et moi.

Il est descendu, le Roi,
le Seigneur du trône suprême,

Mendiant, bien que nul autre ne soit roi.

Le maître de la maison
est devenu la maison même,
Le preneur des cœurs s'est soumis
au "comment" et au "pourquoi".

Richesse ni pauvreté
ne le tiennent en obédience,
Il a pris le froc du pauvre
pour nous révéler l'opulence.

La gemme immaculée, le joyau précieux
En germant, est devenu la terre et les cieux. »

Chapitre 9

UNE LIBÉRATION : POUR NAÎTRE A LA FOI, IL FAUT VOULOIR NAÎTRE

Au moment de présenter les vœux, chaque fin d'année invite à revenir à une évidence simple, proche, inévitable pour tout ce qui existe sur terre : nous sommes des vivants et cependant les choses passent. Derrière la fête et les apparences heureuses, il y a une énigme. Il y a l'évidence que les choses meurent. On célèbre en même temps une mort et une naissance. Impossible d'évoquer la vie sans poser la question de l'après-vie. Impossible d'évoquer la nouvelle année sans faire apparaître l'énigme de la fin d'une année. « Cela passe ! » Au cœur de la foi, ce que nous cherchons aboutit au mystère d'une naissance qui nous renvoie lui-même à la question de « l'après ». Voulons-nous entrer dans notre propre naissance ? Voulons-nous naître à nous-mêmes ? Sommes-nous sûrs de cela ? Car pour naître à la foi, il faut vouloir naître. *Or, nous n'avons pas demandé à naître.*

Toutes les cultures, toutes les religions, toutes les philosophies se sont essayées à parler de l'au-delà : que ce soit avec les Champs-Élysées grecs, avec les pyramides égyptiennes, avec les temples mayas. La Bible n'y manque pas quand elle évoque le monde futur en parlant d'une ville translucide, d'un festin de noces, d'une aurore universelle. Ces images sont splendides. Mais comment leur faire dire à la fois la possibilité, la splendeur et le réalisme de cette vie à venir sans en rester à des images ? Pour un chrétien, impossible de célébrer une mort sans célébrer en même temps une naissance. Pour décrire notre état actuel, le Nouveau Testament nous propose l'idée la plus forte qui soit : nous ne sommes pas encore nés, totalement, vraiment nés. « A moins de naître d'en haut, nul ne peut voir le Royaume de Dieu » dit saint Jean (Jn 3, 3). Saint Pierre écrit : « Nous sommes engendrés de nouveau d'un germe incorruptible » (1 P 2, 3). Saint Jean rappelle : « Dès maintenant nous sommes enfants de Dieu. »

Nous sommes encore des embryons

Une nouvelle naissance : nous ne sommes pas encore pleinement nés. La comparaison va loin. Reprenons-la. Je retiens trois points. Cela veut dire que notre statut actuel n'est encore que celui d'un embryon. C'est cet état qui caractérise notre vie d'aujourd'hui et c'est ce qui nous permet de comprendre la continuité de notre vie ici-bas, dans sa modestie, avec notre vie future si énigmatique. Pour comprendre complètement cette image de la naissance, une supposition. En effet, ce serait trop facile de comparer la mort à une naissance.

Arrêtez-vous ici un instant et supposez que l'embryon qui repose dans le sein d'une femme soit doué de pensée. Il s'étonnerait de sa position, de son imperfection. Il se demanderait ce que signifie le développement de ces organes qui n'ont aucune utilité présente, puisque, nourri du sang maternel, prisonnier d'une capsule cosmonautique, il n'a encore nul besoin de ses poumons et de ses membres, son cerveau lui suffit avec son cœur. S'il était profond penseur, il conclurait qu'il est destiné à une autre sorte d'existence, où ses organes, jusqu'ici sans signification, auront enfin leur plénitude. Il concevrait alors que l'état qui est son état présent n'est que provisoire, préadaptatif à un état final qui n'est pas encore donné. Il aurait aussitôt l'idée qu'il est encore seulement dans une phase et non pas dans un état définitif.

Nous sommes, au sein du cosmos, comme cet embryon, dans un état imparfait, non pleinement développés, non vraiment projetés dans le monde réel, non encore vraiment nés.

Quelle chance : nous sommes. Mais nous n'avons pas encore découvert la splendeur de toutes les possibilités qui sont nôtres. Nous sommes déjà. Mais tout reste encore à découvrir. Dans la foi et les sacrements de la foi, tout est donné, mais tout reste à faire : dans le baptême, le mariage, le pardon, l'eucharistie, l'onction finale...

On ne peut naître par procuration

Alors on peut comprendre la deuxième conclusion. Il ne s'agit pas seulement d'une image. Le mystère de notre naissance est insondable. C'est le plus immédiat, le plus inadmissible ou le plus adorable. Pourquoi sommes-nous nés ? Comment sommes-nous nés ? De quoi sommes-nous nés ? Ce qui est étonnant dans l'ordre naturel s'accompagne ici d'une deuxième énigme : dans l'ordre de la foi, pour naître il faut vouloir naître. Chacun porte responsabilité de sa propre naissance. Ce qui relève dans les naissances terrestres des autres, et d'abord des parents, relève dans ce qui touche à la foi, d'abord de notre propre responsabilité, de notre liberté. La libération – au sens où l'on parle de « délivrance » pour une femme lors d'une naissance – dépend ici autant du nouveau-né que de l'Esprit qui l'enfante. Nous sommes libres de respirer, d'aspirer, d'adhérer à un autre Esprit. On peut ne pas *vouloir* naître.

Beethoven a dû s'interroger sur le mystère de sa naissance. On connaît la question : « Dans le cas d'une famille dont le père est syphilitique, dont le premier enfant est aveugle, le second unijambiste, le troisième tuberculeux, le quatrième diminué mental... un cinquième s'annonce, faut-il le supprimer ? – Sans aucun doute, répond le généticien. – Alors, vous auriez supprimé Ludwig van Beethoven. » Dans l'ordre de la foi, nous avons le redoutable pouvoir, laissé à chacun cette fois-ci, de vouloir naître ou non.

★

Dans les pages de mémoires souvent très

attachantes où Simone Signoret constate que *la nostalgie n'est plus ce qu'elle était,* elle évoque d'une phrase un peu rapide celui qui avait permis à son mari, Yves Montand, de franchir l'étape du vedettariat dans le cinéma : le metteur en scène Henri Georges Clouzot. Prenant un air détaché, elle déclare qu'elle ne l'a pas revu depuis un certain temps. « Il paraît que, maintenant, il cherche du côté de Dieu. » C'est facile à dire. Certains savent de quel débat et de quel combat avec l'Ange, et cela jusqu'à la mort, s'est payée cette recherche. Ce fut le prix du cœur et du sang. Comment ne pas rapprocher ici l'aveu de Fellini reconnaissant avec un certain regret qu'il avait bien perçu le chemin de la Grâce, celui de Pascal, mais qu'il avait tourné le dos et s'était enfui. Alors des pressentiments de *La Strada,* on en arrive à se consoler, comme on peut, avec les fantasmes de *Juliette des Esprits.* On peut évoquer ici Paul Claudel. Derrière ses allures de catcheur de la foi, on oublie parfois les années de lutte où, pas à pas, il s'est empoigné avec Dieu : quatre ans, entre le choc de la nuit de Noël 1886 à Notre-Dame de Paris : sa « conversion » et le désarmement de son entrée en christianisme dans la confession de décembre 1890. Il a dit lui-même le long combat que fut ce temps entre ses dix-huit et ses vingt-deux ans. Puis de nouveau, de trente-trois ans à trente-six ans, trois ans de lutte entre la rencontre de Ysé lors du *Partage de midi* en 1901 et la séparation en août 1904, suivie des séjours à l'abbaye de Ligugé en 1905. Enfin, toute sa vie pour désarmer de lui-même, appelé à préférer Dieu et non seulement à le choisir.

Il est finalement impossible de « dire » l'alliance de la liberté et de la grâce à l'intérieur de la foi. Pascal a terminé en vendant son carrosse à six chevaux pour partager sa chambre avec les miséreux. Claudel a attendu vingt-cinq ans pour trouver le minimum de paix et approcher la Vierge en boitant pour lui offrir son *Soulier.* Il a fallu deux mille ans d'histoire biblique pour nous révéler cette alternance d'infidélités et de retours à Dieu. Le Christ lui-même a choisi une parabole du désespoir et du retour, celui de l'Enfant prodigue, pour exprimer par opposition, *a contrario,* ce qu'était la grandeur du débat proposé à chacun de nous, comme s'il était impossible de dire l'infini de l'amour prévenant qui subjugue Dieu dans sa recherche et son attente de son fils. Il fallait l'histoire d'une trahison, d'un abandon et d'une détresse : celle d'un fils prodigue. Il en va de même du récit de notre naissance et renaissance à la foi. On doit peut-être évoquer l'opposé d'une naissance, malgré la répulsion du descriptif, pour « dire » le réalisme de ce qu'est le miracle d'une naissance. On hésite à entendre ce que disent les biologistes des étapes et du fatalisme de l'avortement. Le problème moral n'est déjà aujourd'hui plus seulement celui-là tant les images en ont été banalisées. Mais étonnant choc en retour : les prouesses des chercheurs pour serrer au plus près les mécanismes de la naissance, pour reproduire au plus serré le phénomène humain de la naissance nous enseigne sur l'impossible rêve : dominer enfin pleinement la naissance humaine. Comment oser dire le drame des naissances qui échouent : un avortement... ? On hésite. Comme lorsqu'on évoque les drames de saint Pierre ou de Judas. Mais le doute de saint Thomas, les pleurs de Pierre nous renseignent davantage sur le courage de leur fidélité que des vies apparemment sans soucis. Pour dire la plénitude de la foi, sa fragilité et sa force, son attente et sa joie, rien n'est plus fort que de rappeler de quelles angoisses s'accompagne l'échec de la vie. Nous en avons tous vu des photos et des vidéos. Encore une fois, elles ont banalisé la dureté du réel lorsqu'il s'agit des phénomènes de l'interruption de grossesse. Elles nous ramènent peut-être au choc de l'apostasie lorsque celle-ci devient présente de manière diffuse partout dans une civilisation qui n'en gémit pas moins des douleurs de l'enfantement. Les séries télévisées sur l'Holocauste ont pu être regardées par certaines générations à la manière d'un western qui, certes, serait horrible mais resterait plus ou moins étranger au spectateur. Et pourtant trois photos de *Nuit et Brouillard* disent, encore et davantage, l'horreur des camps en même temps que l'infinie dignité de ceux qui avaient tout offert. Ce n'est pas parce que la réalité est trop dure qu'il faudrait en fuir le rappel. L'évocation qui suit, établie avec rigueur, par des généticiens, est parfaitement exacte. Elle ne vise pas à dramatiser les choses pour en tirer un effet rhétorique. Elle redit seulement le réalisme de tout avortement. Il n'est pas différent dans l'ordre de l'esprit que dans celui de la chair. S'il s'agit, avec la foi, d'une « nouvelle naissance », il faut aller jusqu'au bout du message et en admettre la joie et l'effroi.

Qui peut dire n'avoir jamais eu peur, n'avoir jamais pactisé avec l'apostasie ? Saint François de Sales reconnaissait que « la frontière entre le royaume du bien et le royaume du mal passait par son cœur... »

1er janvier : Par amour, mes parents aujourd'hui m'ont appelé à la vie.

15 janvier : Mes premières artères apparaissent et mon corps se forme rapidement.

19 janvier : J'ai déjà une bouche.

21 janvier : Mon cœur commence à battre.

22 janvier : Je ne sais pas du tout pourquoi maman se fait tant de soucis.

28 janvier : Mes bras et mes jambes com-

mencent à croître. Je m'étends et je m'étire.

8 février : A mes mains poussent des doigts.

16 février : C'est seulement aujourd'hui que maman a appris que j'étais là.

20 février : Maintenant, c'est sûr, je suis une fille.

24 février : Tous mes organes se dessinent. Je peux sentir la douleur.

6 mars : J'ai des cheveux et des sourcils.

8 mars : Mes yeux sont finis depuis longtemps même si mes paupières sont encore fermées.

19 mars : Mon cœur bat magnifiquement. Je me sens protégée.

20 mars : Aujourd'hui, ma maman m'a fait mourir.

Cette évocation est à la limite du supportable. Mais elle aide à entendre ce qui se passe dans l'ordre de l'esprit. Nous sommes des invités à la vie éternelle déjà commencée et nous sommes responsables de cette naissance éternelle. Aucune évidence ne nous contraindra jamais si nous n'acceptons pas de désarmer, d'admettre l'oxygène d'un autre, son message, son regard, sa vie, et pour elle de nous laisser attirer hors de nous-mêmes, d'être à jamais blessés de cette séduction et donc d'être inguérissables. « Celui dont la maladie s'appelle Jésus ne saurait guérir. » C'est un mystique musulman, Ansari, qui a écrit cela.

« Nous nous côtoyons plus que tu ne le penses... »

On doit ajouter une troisième conclusion. Un chrétien n'est jamais responsable de sa seule naissance. Il fait partie d'une communion. Il y va de la foi comme de la vie de la Famille de Nazareth, première cellule de l'Église où tous sont solidaires. Impossible de savoir où chacun de nous en est de sa propre naissance à la vie de la foi. C'est le secret de Dieu. Nous savons seulement, que tous, nous sommes responsables de tous.

Un rien suffit parfois pour nous faire entrevoir le mystère. Un rien qui peut être aide ou obstacle à mon prochain. Jean-Paul Sartre constate dans *Les Mots* que ce ne furent pas les difficultés des dogmes qui lui firent quitter la foi, mais l'attitude de ses grands-parents.

En 1986, fut célébré le centenaire de la mort de Victor Hugo. Difficile de parler de sa foi. Qu'en était-il vraiment ? Citons seulement quelques lignes. Il envoie la lettre suivante à sa nièce, Marie, qui est entrée au carmel de Tulle. Victor Hugo l'aimait beaucoup. De Guernesey où il est exilé, il écrit le 22 juillet 1859 juste avant la profession perpétuelle de la carmélite :

« Chère enfant,

Tu vas bientôt faire ce grand acte de sortir du monde, tu vas t'exiler toi aussi. Tu le feras pour la foi comme je l'ai fait pour le devoir. Le sacrifice comprend le sacrifice ; aussi est-ce du fond du cœur que je demande ta prière et que je t'envoie ma bénédiction. Je serais heureux de te voir encore une fois dans cette suprême journée de famille. Dieu nous refuse cette joie. Il a ses voies, résignons-nous. J'enverrai auprès de toi l'ange que j'ai là-haut.

Chère enfant, nous sommes, toi et moi, dans la voie du renoncement ; nous nous côtoyons plus que tu ne le penses toi-même, ta sérénité m'arrive comme un reflet de la mienne.

Aime, crois, prie, sois bénie. »

Victor HUGO

On a célébré le centenaire de la mort de Victor Hugo. Rien n'a été dit de la carmélite. Et pourtant, tous les deux ne sont-ils pas nés à la vraie vie ? Toute l'existence de Hugo aura été secrètement veillée par la prière d'une carmélite. On ne le savait pas. Mais le Ciel le savait. Hugo l'avait pressenti. La carmélite a dû le comprendre : « Nous nous côtoyons plus que tu ne le penses toi-même... »

« Il ne sait que dire de lui-même... »

Un philosophe. Il est celui qui a le plus marqué en France depuis cinquante ans. A ce moment-là, il est en captivité. Un prêtre ami (un père de mon couvent) prisonnier avec lui, lui demande son aide pour que ce premier Noël de captivité ne soit pas trop sinistre. Le philosophe a souvent proclamé qu'il avait abandonné la foi. Il l'a dit et redit. Or voici comment, de manière inattendue, dans la pièce de théâtre qu'il composa pour ce Noël de captivité, il évoque la Vierge, l'Enfant Jésus, Joseph et la sainte Famille.

« Vous avez le droit d'exiger qu'on vous montre la crèche. La voici. Voici la Vierge et voici Joseph et voici l'Enfant Jésus. L'artiste a mis tout son amour dans ce dessin mais vous le trouverez peut-être un peu naïf. Mais écoutez : vous n'avez qu'à fermer les yeux pour m'entendre et je vous dirai comment je les vois au-dedans de moi. La Vierge est pâle et elle regarde l'enfant. Ce qu'il faudrait peindre sur son visage, c'est un émerveillement anxieux qui n'a paru qu'une fois sur une figure humaine. Car le Christ est son Enfant, la chair de sa chair et le fruit de ses entrailles. Elle l'a porté neuf mois et elle lui donna le sein et son lait deviendra le sang de Dieu. Elle le serre dans ses bras et elle dit : "mon petit !" Mais à d'autres moments, elle demeure toute interdite et elle pense : Dieu est là – et elle se sent prise d'une crainte religieuse pour ce Dieu muet, pour cet enfant. Car toutes les mères sont ainsi arrêtées par moments devant ce fragment de leur chair qu'est leur enfant et elles se sentent en exil devant cette vie neuve qu'on a faite avec leur vie et qu'habitent des pensées étrangères. Mais aucun enfant n'a été plus cruellement et plus rapidement arraché à sa mère car il est Dieu et il dépasse de tous côtés ce qu'elle peut imaginer. Et c'est une dure épreuve pour une mère d'avoir crainte de soi et de sa condition humaine devant son fils.

« Mais je pense qu'il y a aussi d'autres moments rapides et glissants, où elle sent *à la fois* que le Christ est son fils, son petit à elle, et qu'il est Dieu. Elle le regarde et elle pense : "Ce Dieu est mon enfant. Cette chair divine est ma chair. Il est fait de moi, il a mes yeux et cette forme de sa bouche c'est la forme de la mienne. Il me ressemble. Il est Dieu et il me ressemble."

« Et aucune femme n'a eu de la sorte son Dieu pour elle seule. Un Dieu tout petit qu'on peut prendre dans ses bras et couvrir de baisers, un

Dieu tout chaud qui sourit et qui respire, un Dieu qu'on peut toucher et qui vit. Et c'est dans ces moments-là que je peindrais Marie, si j'étais peintre, et j'essaierais de rendre l'air de hardiesse tendre et de timidité avec lequel elle avance le doigt pour toucher la douce petite peau de cet Enfant-Dieu dont elle sent sur les genoux le poids tiède et qui lui sourit. Et voilà pour Jésus et pour la Vierge Marie.

« Et Joseph ? Joseph, je ne le peindrai pas. Je ne montrerai qu'une ombre au fond de la grange et deux yeux brillants. Car je ne sais que dire de Joseph et Joseph ne sait que dire de lui-même. Il adore et il est heureux d'adorer et il se sent un peu en exil.

« Je crois qu'il souffre sans se l'avouer. Il souffre parce qu'il voit combien la femme qu'il aime ressemble à Dieu, combien déjà elle est du côté de Dieu. Car Dieu est venu dans l'intimité de cette famille. Joseph et Marie sont séparés pour toujours par cet incendie de clarté. Et toute la vie de Joseph, j'imagine, sera pour apprendre à accepter. »

★

Qui aurait dit que celui qui a affirmé devant le monde entier que « l'absurde » était le dernier mot de tout, Jean-Paul Sartre, aurait écrit cela ? « Joseph ne sait que dire de lui-même. Il adore et il est heureux d'adorer. » Tout est dit.

C'est le premier et le dernier mot de la foi.

« ÉCOUTE MON SILENCE AVEC TA BOUCHE »

Les hindous aiment répéter le proverbe : « Écoute mon silence avec ta bouche. » C'est aussi l'appel de Moïse : « Écoute Israël. » C'est la même proclamation chez saint Léon le Grand au soir de Noël. On sait comment il intervint pour sauver, dans l'histoire de l'Église, en face d'une majorité d'évêques à la pensée flasque et la foi vacillante, la divinité du Christ en pleine époque « barbare ». Dans cette nuit de Noël, il écrit : « Écoute, regarde, ô homme ta dignité. »

Aucune théologie, aucune philosophie, aucune anthropologie ne pourra jamais suffire à dire la foi. On pense ici au conte rapporté par Malraux. Un prince moghol avait fait construire après la mort de son épouse le plus beau mausolée qui soit. Lorsque l'édifice fut achevé, on fit apporter le cercueil précieux : il déparait la chambre mortuaire. « Enlevez cela », dit le prince.

Nos paroles sur la foi auront toujours l'insatisfaction d'une chambre mortuaire – trop bavarde même si elle est sublime. Sinistre caveau du chaleureux Lacordaire à Sorèze, angoisse des tombes zapotèques à Yagul ou mayas à Palenque, les pyramides elles-mêmes ne suffisent pas à « dire » la foi. Seul le silence.

★

Il y a deux silences : celui de la vacuité des bronzés qui sur la plage dissimulent une avidité. De quoi ? Ou bien il y a le silence de l'attente, celui de l'épouse assurée, malgré l'angoisse, du retour du bien-aimé.

Il frappe une première fois. La porte ne s'ouvre pas : il ne sait encore que répondre et parle de lui-même. Il frappe une deuxième fois, la porte reste encore close. Il est toujours encombré de ses préoccupations. Alors le silence s'impose, creuse le désir, aiguise l'attente. Le bien-aimé ne répond plus d'abord par sa fébrilité à la question qui, de l'intérieur, lui demande quel est celui qui frappe. Il dit seulement à sa bien-aimée : « Ouvre. C'est Toi. »

C'est la réponse du Fils dans la Sainte Trinité. Le silence nous introduit non pas à l'agitation de l'avant-messe mais au recueillement du Notre

Père. « Père – Ton nom – Ton Royaume. » « Tu sais mieux que nous ce qu'il y a en nous. » « Éloigne-toi de moi, je ne suis qu'un pécheur. » « A qui irions-nous ? Tu as les paroles de la vie éternelle. » Il y faut du temps. Beaucoup de temps.

Dans le silence, on peut ne découvrir qu'une image de la mort. Le silence des espaces infinis effraie. Binaire au niveau du créé, la structure du silence est ternaire si l'on remonte à l'incréé. L'économie du créé se joue entre action et passion ; on la retrouve dans le silence qui est attente et plénitude. Le silence accable, exténue, éprouve l'être de toutes manières, puis il nourrit, repose et devient la seule expression propre à la Lumière et à l'Amour incréé. Le rythme alors devient ternaire : silence, silence négatif, silence positif : celui de la communion. Seule la Sagesse y introduit... « Parfois la nuit. » Ce n'est plus recherche inquiète, mais hommage d'une pauvreté, née parfois des larmes. Elles disent la communion retrouvée. Si le silence négatif devient isolement, labeur, croix, le silence positif conduit à la douceur qui est le repos de l'être. Le même silence peut être épreuve sensible ou tendresse sensible de Dieu. Ce n'est pas à nous d'y prétendre. Nos bons vouloirs sont encore trop grossiers. Il y faut la délicatesse venue de l'Esprit qui seul épure nos idoles et nous dirige vers l'Icône – jusqu'à l'instant de notre mort :

sera-t-il agonie (combat) ou repos ? Peu importe. Ce qui compte, c'est qu'il nous introduise au silence qui est Trinité.

Pour l'instant, c'est le silence du Christ. Il s'est endormi en pleine tempête dans la barque. Il dort. Étrange silence de Dieu. Est-ce épreuve ou suprême remise de Dieu entre nos mains ? Comme s'il provoquait jusqu'à la limite notre capacité de confiance. Le silence est attente de l'Amour. Il convient davantage à la créature d'être aimée que d'aimer puisque c'est l'Amour qui nous fait être. Marie donne à Jésus la joie de dire l'Amour. C'est ce qui revient à Dieu. Dieu répond à la virginité du cœur : c'est notre victoire sur la vérité et sur l'Amour incréés. Et Dieu cède. Il nous convie à demeurer lorsqu'il veut nous donner la joie de croire que nous le contraignons à nous aimer. Le silence, durement acheté en repoussant les incessantes gourmandises de nos états d'âme, nous rend à notre vocation originelle : être un besoin éternel d'amour et de vérité. Il aura été le prix du sang de Jésus, et de nos « nuits ».

Redoutables perversion et inversion de la foi lorsqu'elle a besoin de se répandre en belles pensées. On court à la recherche de Dieu jusqu'à ce qu'un jour, comme le Lévrier du Ciel, on perçoit que c'est Dieu qui nous poursuit. « Alors il ne s'agit plus d'effort ni de record mais de Dieu qui s'attendrit. » (saint Paul aux Romains, chap. 9, verset 16.)

Le combat avec l'Ange

« Je Le fuyais, au long des nuits, au long des
 jours ;
Je Le fuyais, au long des arches des années ;
Je Le fuyais au long des labyrinthes de mon
 propre esprit ;
Et sous la bruine des larmes je me cachais de
 Lui ou bien sous un rire fou
Je fonçais au galop dans des trouées d'espoir...
Je m'élançais tête baissée au profond des ténè-
 bres géantes
Dans des Abîmes de crainte...
Pour fuir ces pieds puissants qui me suivaient,
 qui me poursuivaient :
  D'une poursuite sans hâte,
  D'une allure imperturbable,
  D'une vitesse calculée,
  Avec une instance pleine de majesté,
Ils frappaient le sol – et une Voix frappait, plus
 instante encore que les pas :
 – "Tout te trahit, toi qui Me trahis."

Je me mis alors à fuir par les marches du monde,
Je secouais les grilles d'or des étoiles,
Je frappais leurs barreaux sonores pour qu'elles me donnent un abri,
Je provoquais à de doux entretiens d'un babillage argenté les havres pâles de la lune ;
Je disais à l'aurore : "Dépêche-toi !"
Et je disais au soir : "Viens vite !"
avec tes jeunes fleurs de ciel cache-moi tout à fait
Loin de ce terrible Amour...
"Fais flotter tout autour de moi ton voile d'incertitude, de peur qu'Il ne me voie !"

La crainte ne croit guère à la fuite
Mais l'Amour, Lui, croit bien à la poursuite :
Encore et toujours, dans une chasse implacable,
D'une allure imperturbable,
D'une vitesse calculée,
Avec une instance pleine de majesté,
Venait toujours la poursuite de Ses pas
Et une Voix au-dessus de leurs battements me disait :
"Rien ne t'abrite, toi qui ne veux pas M'abriter."

J'éclatais de rire dans les yeux du matin.
Je triomphais et puis je m'attristais, au gré du temps.
Le ciel et moi, nous pleurions ensemble
Mais tout cela, non, tout cela ne soulageait pas ma poignante douleur d'homme.
En vain mes larmes mouillaient-elles la joue grise du ciel,
Car, hélas ! nous ne savions pas ce que l'autre disait (ces choses et moi).

Et par-dessus le bruit de ses pas
Une Voix vient, plus rapide encore :
"Vois ! Rien ne te contente
Toi qui ne sais pas Me contenter."

Ah ! faut-il donc, Dessinateur infini !
Ah ! faut-il donc que Tu carbonises entièrement le bois avant de pouvoir dessiner avec lui !
Ma jeunesse a répandu sa tremblante averse dans la poussière.
Et maintenant mon cœur n'est plus qu'une source brisée
Où stagnent les larmes sans cesse répandues,
A cause de mes pensées toutes grelottantes,
Sur les branches soupirantes de mon âme...

★

Tout ce que je retirais de toi, je ne faisais que le prendre,
Non pour te faire du mal,
Mais seulement pour que tu puisses un jour le retrouver dans Mes bras.
Tout ce que ton cœur d'enfant imaginait à tout jamais perdu :
Je l'ai engrangé pour toi à la maison !
"Lève-toi – prends ma main –, et viens !"

Il s'arrête tout près de moi, ce pas :
Mes ténèbres, après tout, ne serait-ce pas
L'ombre de Sa main qui s'étend sur moi comme une caresse ?
"Ah ! mon enfant si aimé, si aveugle et si faible !
Je suis Celui que tu cherches
Tu repoussais l'amour, toi qui me repoussais." »

Francis THOMPSON

Ô rigueur, ô tendresse

Le Père se complaît en son Fils bien-aimé, Il le trouve conforme à Lui-même, Il le désirait tel et Il le choisit tel. Les mères de la terre se donnent leurs enfants sans les choisir, Marie choisit le sien sans se le donner, le Père, Lui seul, choisit et se donne son Fils bien-aimé, fécondité parfaitement efficace. Le Père s'oublie Lui-même dans l'Amour qui le fait être Père, en sorte qu'Il n'a de complaisance pour Lui-même que par égard à l'Amour qui le fait être Lui-même : renoncement parfait, amour parfait, tel est, dans une sorte d'extase, le principe de la vie de l'Amour. Cette complaisance du Père, qui naît dans l'Amour et dans l'abnégation, ne peut atteindre le Fils bien-aimé, l'envelopper, s'y reposer, qu'en retrouvant en Lui ces deux mêmes choses. Le Verbe, lui aussi, est fécond dans l'Amour ; se perdant, conjointement avec le Père dans l'Amour essentiel, et cet ineffable effacement achève dans l'amour personnel la vie bienheureuse de l'Amour ; et le Verbe n'est que le choix du Père ; il est dans le Père : c'est-à-dire qu'il n'est rien que cette pensée éternelle du Père : Jean Baptiste se connaît pour « la voix de celui qui crie dans le désert », rien que cela, une voix, un témoignage : ainsi le Verbe est comme la voix du Père dans le silence de l'essence divine, il veut n'être que cela, il est le vouloir et la lumière de n'être que cela, il est Vérité et Amour en choisissant de n'être que cela, conformément au choix du Père. Et le Verbe de Dieu a la gloire d'un fils unique du Père, Gloire égale à celle du Père dans un même Amour et dans un même renoncement. Ô rigueur, ô tendresse : égalité sublime de ces choses entre elles, égalité dans le Père et dans le Fils, ô Père, vous vous retrouvez, vous retrouvez tout vous-même en votre Fils bien-aimé, Il est votre Gloire, et Vous êtes la Sienne, parfaitement égaux dans cette Gloire, parfaitement commune. Ô Verbe, nous faisons choix de Vous, voulant n'être que votre pensée créatrice afin d'être, comme Vous, le Fils bien-aimé, objet des complaisances du Père.

★

« Il ne sait que dire de lui-même.
Il adore et il est heureux d'adorer. »

★

Étymologie du mot croire : *credere* vient de *cor-dare,* donner son cœur à une parole créatrice de confiance réciproque.

TABLE DES MATIÈRES

II. LE PARCOURS DU COMBATTANT

III. TROIS DÉFIS

★

Le poème cité p. 95-96 est de Maghribi, vers 1406, dans la traduction qu'en a faite le père J. de MENASCE.

Achevé d'imprimer le 15 février 1988 dans les ateliers de Normandie Impression S.A. à Alençon (Orne)
N° Imprimeur : 872364 N° Éditeur : 8547 Dépôt légal : février 1988